SPIELZEUGE DES ALPHAMÄNNCHENS

BUCH 1 - 3 DER SERIE DIE SPIELZEUGE DES MILLIARDÄRS

SPIELZEUGE DES ALPHAMÄNNCHENS

BUCH 1

SOFIA HOFFMANN

ROFOCAL ENTERTAINMENT

1

DER PREIS DER SCHULDEN: DIE UNTERWERFUNG EINER EHEFRAU UNTER DEN GLÄUBIGER IHRES MANNES

"Bitte sei nett", sagte ich mit zitternder Stimme.
"Nein, Florence. Ich habe für diese Nacht bezahlt, ich werde tun, was ich will."
Das war der Beginn einer Nacht, die ich nie vergessen werde.
—

Als ich aufwachte, hörte ich James' Stimme, aber er klang heute anders. Sein Tonfall war voller Verzweiflung und Bedauern, und mir liefen sofort Schauer über den Rücken. "Florence, wir müssen reden", sagte er. Ich setzte mich im Bett auf, immer noch groggy vom Schlaf. Er setzte sich neben mich, nahm meine Hand und drückte sie sanft. Ich konnte die Sorgenfalten auf seiner Stirn sehen, und mein Herz krampfte sich zusammen.

"Was ist los, James?" fragte ich, und meine Stimme klang besorgt. Er holte tief Luft, bevor er mir von den finanziellen Schwierigkeiten erzählte, mit denen wir zu kämpfen hatten. Ich hörte zu, als er mir erklärte, wie er unsere Ersparnisse durch eine Fehlinvestition verloren hatte. Meine Augen weiteten sich vor Schock und Unglauben, als er weiter erzählte. Ich spürte, wie mir die Tränen in die Augenwinkel stiegen, aber ich ließ sie nicht fallen.

James sah mich erwartungsvoll an und wartete auf eine Antwort. Ich zerbrach mir den Kopf und versuchte, eine Lösung für unser Problem zu finden. Dann fiel es mir ein: "Kann ich irgendwie helfen?" fragte ich, in der Hoffnung, dass ich die Dinge für uns irgendwie besser machen konnte.

James zögerte einen Moment, bevor er mir sagte, dass er einem Mann namens Tony Geld schulde. Er hatte sich von ihm Geld geliehen, um in sein Geschäft zu investieren, und nun konnte er es ihm nicht zurückzahlen. Tony war ein gefährlicher Mann, und er hatte James gedroht, ihn zu verletzen, wenn er ihm nicht bald das Geld zurückzahlte.

Mein Herz sank, als ich den Ernst der Lage erkannte. Ich konnte den Gedanken nicht ertragen, dass James etwas zustoßen könnte. "Was soll ich tun?" fragte ich mit zittriger Stimme. "Kann ich mit diesem Tony reden und versuchen, ihn zur Vernunft zu bringen?" schlug ich vor und hoffte, dass es klappen würde.

James nickte, erleichtert, dass ich bereit war zu helfen. Er lud Tony zu einem Gespräch ein, und ich versprach, mein Bestes zu tun, um das Problem zu lösen.

Das war der Moment, in dem sich alles änderte. Ich hatte mich nie als eine Person gesehen, die zu solchen Dingen fähig ist, aber diesmal musste ich es tun.

Ich holte tief Luft und betrachtete mich im Ganzkörperspiegel. Ich erkannte die Frau, die mich anstarrte, nicht wieder. Ihr langes braunes Haar war in weichen Wellen frisiert und fiel in lockeren Ranken über ihren Rücken. Ihre Augen waren mit schwarzem, rauchigem Eyeliner umrandet, und ihre Lippen waren tiefrot gefärbt, passend zu den Riemchenabsätzen an ihren Füßen.

Ich wusste, dass das nicht mein wahres Ich war. Ich war immer ein bescheidener Mensch, der nie die Aufmerksamkeit auf sich ziehen wollte. Aber jetzt, als ich in den Spiegel sah, konnte ich nicht anders, als ein Gefühl von Aufregung gemischt mit Angst zu verspüren. Ich musste das tun, für James.

Als ich aus dem Schlafzimmer trat, spürte ich die Augen der Männer im Raum auf mir. Mein Herz pochte in meiner Brust, als ich zu Tony ging, dem Mann, der James so viel Ärger bereitet hatte. Er saß auf der Couch, umgeben von seinen Freunden, mit einem selbstgefälligen Grinsen im Gesicht.

Ich ging auf ihn zu, mit wackeligen, aber entschlossenen Schritten. "Tony", sagte ich mit tiefer, heiserer Stimme. "Wir müssen reden."

Er wandte seinen Blick zu mir und ließ seine Augen über meinen Körper wandern. "Sieh an, sieh an, sieh an", sagte er und seine Stimme triefte vor Belustigung. "Wenn das nicht James' kleine Frau ist. Was führt dich hierher, Süße?"

Ich holte tief Luft und versuchte, meine Nerven zu beruhigen. "Ich möchte mit dir über die Situation mit James sprechen", sagte ich und versuchte, selbstbewusst zu klingen.

Er lehnte sich in seinem Sitz zurück, ein Grinsen auf seinem Gesicht. "Und was kannst du tun, was James nicht kann?", fragte er.

Ich spürte, wie mein Gesicht vor Wut errötete, aber ich behielt die Fassung. "Ich kann dir etwas bieten, was James nicht kann", sagte ich und beugte mich näher zu ihm. "Ich kann dafür sorgen, dass es sich für dich lohnt."

Er hob fasziniert eine Augenbraue. "Und was wäre das?"

Ich wusste, was ich zu tun hatte. Ich holte tief Luft und trat näher an ihn heran, so dass mein Körper fast seinen berührte. Ich griff nach oben und fuhr mit den Fingern durch sein Haar, spürte, wie sich seine Muskeln unter meiner Berührung anspannten. Ich beugte mich näher zu ihm und meine Lippen berührten fast sein Ohr. "Alles, was du willst", flüsterte ich.

Einen Moment lang herrschte Stille im Raum. Dann brach Tony in Gelächter aus. "Oh, Schatz", sagte er und schüttelte den Kopf. "Glaubst du wirklich, du kannst mich mit ein bisschen Sex bestechen? Das ist niedlich."

Ich spürte, wie mein Gesicht vor Verlegenheit errötete, als er und seine Freunde über mich lachten. Ich drehte mich um, um wegzugehen, aber Tony packte mich am Arm und zog mich zu sich zurück. "Aber ich habe eine Idee", sagte er mit einem verruchten Grinsen im Gesicht.

Mein Herz schlug mir bis zum Hals, als mir klar wurde, was er da vorschlug. Das war nicht das, wofür ich mich gemeldet hatte. Aber ich wusste, dass ich es tun musste, für James.

Ich folgte Tony aus dem Raum und spürte die Augen der Männer im Raum auf mir. Mein Herz klopfte in meiner Brust, als wir zu seinem Schlafzimmer gingen.

Als er mich auf das Bett drückte, spürte ich eine Welle der Angst über mich kommen. Das war nicht ich. Das war nicht die, für die ich bestimmt war. Aber ich schloss die Augen und ließ ihn tun, was er wollte, denn ich wusste, dass dies der einzige Weg war, James zu schützen.

Ich saß vor ihm. Er schaute mich mit ekelhaften Augen an. Er sah sehr unhöflich aus, aber auch hungrig nach mir. Ich konnte die Dunkelheit hinter seinen Augen sehen.

"Kommt mal alle her!", rief er. Seine Freunde kamen mit James herein.

"Setz dich da hin", sagte er zu James. "Ich will nicht gestört werden, also fesseln wir dich."

Sie fesselten James' Hände und Füße. Ich konnte nicht begreifen, was da vor sich ging. Es waren vier Männer um mich herum und mein Mann stand gefesselt da.

"Deine kleine Frau ist sehr sexy, James", sagte er.

James war sprachlos. Er konnte kein Wort sagen, er bedauerte es bereits, aber er sagte nichts.

"Was ist das für ein Gefühl, Florence? Dein Mann hat dich an uns verkauft... Wie fühlst du dich?", fragte er lachend.

Ich konnte nicht glauben, was gerade geschah. Mein Herz raste, und mein Verstand war wie benebelt. Ich fühlte mich so schmutzig, so vergewaltigt, und doch genoss ein Teil von mir die Aufmerksamkeit. Ich spürte, wie die Hitze in meinem Körper aufstieg, und ich versuchte, sie zu verbergen.

"Ich weiß nicht, wovon du redest", sagte ich und versuchte, mutig zu klingen.

Aber Tony kicherte nur und lehnte sich näher zu mir. "Ach, komm schon, Florence. Sei nicht so schüchtern. Wir wissen doch alle, warum wir hier sind", sagte er und sein Atem war heiß auf meiner Haut.

Ich spürte seine Hand auf meinem Oberschenkel, die sich bis zu meiner Hüfte vorarbeitete. Ein Teil von mir wollte ihn wegstoßen, aber ein anderer Teil von mir war neugierig, wollte wissen, was er als Nächstes tun würde.

Ich sah zu James hinüber, der gefesselt und hilflos war. Er sah so besiegt aus, so beschämt. Ich wusste, dass ich für ihn stark sein musste, aber gleichzeitig konnte ich der Erregung, die mich durchströmte, nicht widerstehen.

"Was willst du von mir?" fragte ich mit zittriger Stimme.

"Ich möchte, dass du uns zeigst, was du drauf hast", sagte Tony mit einem Grinsen.

Er begann, mit seinen Händen meinen Körper auf und ab zu fahren, streichelte meine Kurven und ließ mir Schauer über den Rücken laufen. Ich spürte, wie mein Widerstand nachließ und mein Körper auf seine Berührung reagierte.

Doch dann erblickte ich James wieder, und eine Welle von Schuldgefühlen überkam mich. Was hatte ich nur getan? Wie konnte ich ihn nur so hintergehen? Aber selbst als mir diese Gedanken durch den Kopf schossen, konnte ich nicht verhindern, dass ich die Aufmerksamkeit genoss.

Tony beugte sich vor und küsste mich, seine Zunge erforschte meinen Mund. Ich konnte den Alkohol in seinem Atem schmecken, und das machte mich noch benommener.

"Das gefällt dir, nicht wahr?", sagte er, zog sich zurück und sah mir in die Augen.

Ich konnte es nicht leugnen. Es gefiel mir wirklich. Ich mochte es, wie sich seine Hände auf meinem Körper anfühlten, wie sich seine Lippen auf meinen anfühlten. Aber gleichzeitig wusste ich auch, dass es falsch war.

"Ich weiß es nicht", sagte ich und versuchte, unsicher zu klingen.

Aber Tony lachte nur und drückte mich zurück auf das Bett. Er begann, meinen Körper zu küssen und seine Hände wanderten über meine Haut.

Ich schloss meine Augen und versuchte, die Schuld- und Schamgefühle zu verdrängen. Ich versuchte, mich auf die Empfindungen zu konzentrieren, die mich durchströmten, auf die Lust, die sich in mir aufbaute.

Ich lag auf dem Bett, ohne eine andere Wahl zu haben. Ich spürte Schuldgefühle und Leidenschaft zur gleichen Zeit.

Tony versuchte, James' Gefühle und seine Ehre zu verletzen.

"Sag deiner kleinen Frau, sie soll sich für uns ausziehen", sagte Tony mit einem Lachen.

Ich konnte spüren, wie mein Mann gedemütigt wurde, er versuchte, mich und die Situation nicht anzusehen. Aber sie zwangen ihn dazu, mitzumachen.

"Tu es", sagte James mit zitternder Stimme.

Ich spürte, wie meine Wangen rot wurden, als Tonys Worte im Raum widerhallten. Mein Herz raste in meiner Brust, hin- und hergerissen zwischen der Angst und der Aufregung, die in mir aufstiegen. Ich wusste, dass ich das nicht genießen sollte, aber ein Teil von mir konnte nicht anders, als in dem Gefühl zu schwelgen, begehrt zu werden.

Ich sah zu James hinüber, der mich mit einer Mischung aus Entsetzen und Scham in den Augen anstarrte. Ich fühlte einen Stich in meiner Brust, weil ich wusste, dass ich ihn auf diese Weise verraten hatte. Aber gleichzeitig konnte ich nicht umhin, einen Kitzel bei der Vorstellung zu verspüren, von diesen Männern begehrt zu werden.

Langsam begann ich, die Knöpfe meiner Bluse zu öffnen, und meine Finger zitterten, als ich ihnen meine Haut präsentierte. Ich versuchte, meine Augen geschlossen zu halten, um ihren Blicken nicht zu begegnen, aber gleichzeitig konnte ich nicht umhin, ein Gefühl des Stolzes zu empfinden, als sie mich ansahen.

"Du hast ihn gehört, Florence", sagte Tony mit tiefer und gefährlicher Stimme. "Zieh dich für uns aus."

Ich nickte und fühlte einen Anflug von Erregung bei dem Gedanken, ihm zu gehorchen. Langsam streifte ich meine Bluse ab und ließ sie auf den Boden fallen, so dass mein Spitzen-BH zum Vorschein kam. Ich spürte ihre Augen auf mir, wie sie mich mit ihren Blicken verschlangen, und es jagte mir einen Schauer über den Rücken.

Ich streifte meinen Rock ab, so dass mein Spitzenhöschen zum Vorschein kam, und ich spürte, wie mein Körper vor Verlangen errötete, als ich so entblößt und verletzlich vor ihnen stand.

"Sehr schön", sagte Tony und ließ seine Augen über meinen Körper wandern. "Jetzt komm her und zeig uns, was du kannst."

Ich zögerte einen Moment, weil ich nicht wusste, was er meinte, aber dann bedeutete er mir mit einer Geste, näher zu kommen. Ich ging zu ihm hinüber, mein Körper zitterte vor Erwartung, und er streckte seine Hand aus und fuhr mit ihr über meine nackte Haut.

Ich schloss die Augen und ließ ein leises Stöhnen hören, als seine Finger über mein empfindliches Fleisch fuhren. Ich wusste, dass ich das nicht genießen sollte, dass ich James auf die schlimmste Art und Weise betrog, aber gleichzeitig konnte ich nicht anders, als ein Gefühl der Freude über die Art und Weise zu empfinden, wie Tony mich berührte.

"Sehr schön", murmelte er, während seine Finger die Konturen meines BHs nachzeichneten. "Du bist ein Naturtalent auf diesem Gebiet, Florence. Du bist dafür gemacht, Männern wie uns zu gefallen."

Seine Worte jagten mir einen Schauer über den Rücken, und ich konnte nicht umhin, bei dem Gedanken, für sie begehrenswert zu sein, ein Gefühl von Stolz zu empfinden. Aber gleichzeitig wusste ich, dass ich eine Grenze überschritten hatte, von der ich nie wieder zurückkehren konnte.

Ich sah zu James hinüber, der immer noch gefesselt und hilflos war, und spürte einen Stich in meiner Brust. Aber gleichzeitig konnte ich nicht umhin, ein Gefühl der Erregung bei dem Gedanken zu verspüren, von diesen Männern begehrt zu werden.

"James' kleine Schlampe von Frau, mach dasselbe mit meinen Freunden", befahl Tony.

Ich fühlte gleichzeitig Scham und Vergnügen. Ich wollte damit aufhören, aber ich konnte der Lust, die meinen Körper durchströmte, nicht widerstehen. Meine Hände zitterten, als ich langsam anfing, mich zu entkleiden, und ich spürte die Augen der Männer auf mir, als ich ihnen meinen Körper zeigte.

Ich konnte die Lust in ihren Augen sehen, und ich fühlte ein Gefühl der Macht bei dem Gedanken, von ihnen begehrt zu werden. Ich spürte, wie ich vor Verlangen feucht wurde, und ich wusste, dass ich es nicht mehr verbergen konnte.

Ich drehte mich zu James um, der immer noch gefesselt und hilflos war. Er sah mich mit einer Mischung aus Entsetzen und Unglauben an, und ich wusste, dass ich ihn im Stich gelassen hatte.

"Es tut mir leid, James", flüsterte ich ihm zu, wobei meine Stimme vor Schuldgefühlen zitterte.

Doch als ich mich wieder zu den Männern umdrehte, spürte ich, wie mich erneut eine Welle des Verlangens überrollte. Ich wollte, dass sie mich begehren, dass sie mich wollen, dass sie mich nehmen.

Langsam näherte ich mich ihnen und spürte ihre Augen auf mir, als ich auf sie zuging. Ich konnte hören, wie ihr Atem schwerer wurde, je näher ich kam, und ich wusste, dass sie alle von mir erregt waren.

Ich spürte, wie mein Herz in meiner Brust pochte, als ich vor ihnen stand, völlig nackt und verletzlich. Ich spürte, wie ihre Augen über meinen Körper wanderten, und ich wusste, dass sie sich alle vorstellten, wie es sein würde, mich zu haben.

Tony trat vor und streckte seine Hand aus, um mich zu berühren. Zuerst zuckte ich zurück, aber dann spürte ich einen Ruck der Freude, als seine Hand meine Haut streichelte.

"Du bist so schön", flüsterte er mir zu, sein Atem war heiß an meinem Ohr. "Ich kann es nicht erwarten, dich zu haben."

Ich wusste, dass ich mich schämen sollte, aber ich konnte nicht anders, als bei seinen Worten ein Gefühl der Befriedigung zu empfinden. Ich wollte, dass er mich begehrte, dass er mich wollte, dass er mich nahm.

Und als er mich zurück aufs Bett drückte, schloss ich die Augen und gab mich der Lust hin, die sich in mir aufbaute.

Er war so hart. Er tat so, als wäre ich ein Spielzeug für ihn. Zuerst fing Tony an, mit seinen Händen über meinen Körper zu streichen, und dann kamen seine Freunde dazu. Vier Männer bewegten ihre Hände und berührten jeden Zentimeter meines Körpers.

"Fesselt sie", befahl Tony seinem Mann. Damit hatte ich nicht gerechnet, aber ich habe nichts gesagt.

Als ich so dalag und mein Körper von diesen Männern erforscht wurde, konnte ich nicht anders, als mich zu schämen und schuldig zu fühlen. Aber gleichzeitig erlebte ich ein Vergnügen, das ich noch nie zuvor empfunden hatte. Ich wusste, dass es falsch war, aber ich konnte den Empfindungen, die mich durchströmten, nicht widerstehen.

"Tony, bitte hör auf damit", flehte James ihn an. "Ich kann dir das Geld nicht zahlen, aber ich werde alles andere tun. Aber bitte tu Florence nicht weh."

Tony lachte ihn nur aus. "Tut mir leid, James, aber Geld ist Geld. Und da du nicht zahlen kannst, muss ich mir nehmen, was mir gehört."

Ich spürte ein Gefühl der Angst bei seinen Worten. Was meinte er mit "nehmen, was mir gehört"? Doch bevor ich fragen konnte, wurde ich durch das Geräusch von Seilen unterbrochen, die um meine Handgelenke gebunden wurden.

"Mach dir keine Sorgen, kleine Florence, wir werden uns gut um dich kümmern", sagte einer von Tonys Freunden mit einem Grinsen.

Ich spürte, wie mir eine Träne über die Wange kullerte, als mir klar wurde, dass ich ihnen völlig ausgeliefert war. Ich sah zu James hinüber, der immer noch gefesselt und hilflos war, und spürte ein Gefühl der Verzweiflung. Wie konnte die Sache nur so aus dem Ruder laufen?

"Bitte, lasst sie einfach gehen", flehte James.

Aber Tony schüttelte nur den Kopf. "Tut mir leid, James, aber ich bin kein wohltätiger Mensch. Daran hättest du denken sollen, bevor du dich in diesen Schlamassel gebracht hast."

Ich konnte nicht anders, als bei Tonys Worten ein Gefühl der Wut zu verspüren. Wie konnte er es wagen, uns so zu behandeln? Aber gleichzeitig konnte ich das Vergnügen nicht leugnen, das immer noch durch meinen Körper strömte. Es war eine verwirrende Mischung von Gefühlen, und ich wusste nicht, wie ich sie verarbeiten sollte.

Als Tony und seine Freunde weiter meinen Körper erforschten, spürte ich, wie ich mich in den Empfindungen verlor. Es war, als wäre ich in einem Traum, einer surrealen Welt, in der nichts anderes zählte als die Lust, die sich in mir aufbaute.

Doch dann hörte ich eine Stimme, eine Stimme, die den Dunst aus Lust und Angst durchbrach. Es war James, und er klang entschlossen.

"Ich werde einen Weg finden, es dir heimzuzahlen, Tony. Und wenn ich das tue, wirst du bereuen, dass du dich jemals mit uns angelegt hast.

Tony lachte ihn nur aus. "Viel Glück dabei, James. Aber für den Moment schlage ich vor, du lehnst dich einfach zurück und genießt die Show."

Ich spürte ein Gefühl der Hoffnungslosigkeit bei seinen Worten. Wie sollten wir uns jemals aus dieser Situation befreien?

Ich konnte nicht glauben, was da passierte. Tony und seine Freunde zogen sich aus und entblößten ihre riesigen Penisse. Ich versuchte zu verbergen, dass mich das erregte, aber ich konnte nichts dagegen tun, wie mein Körper reagierte.

Ich schloss meine Augen und stöhnte leise auf, als sie sich weiter bewegten, alle zusammen. Ihre Hände waren überall auf meinem Körper, ihre heißen Atemzüge auf meiner Haut. Ich spürte, wie sie mit jedem Moment erregter wurden, ihre riesigen Penisse pochten vor Verlangen.

Ich versuchte, die Gedanken an James und unsere Ehe aus meinem Kopf zu verdrängen. Ich wollte nicht an den Verrat denken, der sich vor unseren Augen abspielte. Alles, worauf ich mich konzentrieren konnte, war die Lust, die sich in mir aufbaute.

Doch dann meldete sich James zu Wort. "Bitte, Tony, hör auf damit. Wir können es uns nicht leisten, dir das Geld zu zahlen", flehte er.

Tony lachte nur. "Dafür ist es jetzt zu spät, James. Daran hättest du denken sollen, bevor du deine Frau an uns verkauft hast", sagte er grinsend.

Ich fühlte einen Anflug von Schuld und Scham bei seinen Worten, aber die Lust stieg immer noch in mir auf. Ich versuchte, James' Bitten zu ignorieren und mich auf die Empfindungen zu konzentrieren, die mich durchströmten.

"Wie viele Männer sind in diese enge Muschi eingedrungen, Florence?" fragte Tony, während er mit seinen Fingern über meinen Kitzler fuhr.

"Nur James", sagte ich.

Aber Tony lachte nur und sagte: "Nun, das wird sich heute Abend ändern. Wir werden dafür sorgen, dass du uns nie vergisst, Florence."

Ich biss mir auf die Lippe und versuchte, mir ein Stöhnen zu verkneifen, als Tony und seine Freunde mich weiter anfassten, wobei ihre riesigen Penisse nun voll erigiert waren. Ich war so erregt von ihrer groben Behandlung, und der Gedanke, mehrere Männer in mir zu haben, machte mich wild.

Aber gleichzeitig konnte ich nicht anders, als mich schuldig und beschämt zu fühlen. Ich wusste, dass das, was ich tat, falsch war, dass ich meinen Mann auf die schlimmste Art und Weise betrog. Und doch war das Vergnügen zu groß, um ihm zu widerstehen.

Ich hatte erwartet, dass er langsam vorgehen würde, aber plötzlich steckte er seinen dicken Schaft in mich hinein. Ich schrie vor Schmerz und Freude zugleich.

"Komm schon, sie kann mit uns allen umgehen", sagte Tony lachend.

Einer seiner Freunde legte sich unter mich und schob seinen Schwanz langsam in meinen Arsch. Tony war immer noch in meiner Muschi und der andere rieb seinen Schwanz an meinem Gesicht.

Ich fühlte mich wie in einem Traum, einem surrealen und verdrehten Albtraum, dem ich nicht entkommen konnte. Ein Teil von mir wollte weglaufen, vor den Männern fliehen, die mich wie ein Spielzeug benutzten. Aber ein anderer Teil von mir genoss die

Empfindungen, die mich durchströmten, die Lust, die sich in mir aufbaute.

Als Tony seinen massiven Schaft in mich stieß, schrie ich vor Schmerz und Freude zugleich. Sein Freund war immer noch in meinem Arsch und bewegte sich langsam in mich hinein und wieder heraus, während der andere seinen Schwanz an meinem Gesicht rieb.

"Gefällt dir das, Florence?" fragte Tony mit einem Grinsen im Gesicht.

Ich wusste nicht, was ich ihm antworten sollte. Auf der einen Seite war ich angewidert von dem, was da passierte. Ich schämte mich für mein eigenes Verhalten, für die Lust, die ich empfand. Andererseits war die Lust zu groß, um ihr zu widerstehen. Der Gedanke, von diesen Männern begehrt zu werden, von ihnen benutzt zu werden, erregte mich.

Ich schloss die Augen und versuchte, die Schuld- und Schamgefühle zu verdrängen, die ich empfand. Ich versuchte, mich auf die Empfindungen zu konzentrieren, die mich durchströmten, auf die Lust, die sich in mir aufbaute. Ich spürte die Hände der Männer auf meinem ganzen Körper, ihre Schwänze bewegten sich in mir und aus mir heraus. Ich stöhnte und schrie, verlor mich in einem Meer aus Lust und Verlangen.

Ich war völlig in diesem Moment versunken, als Tony und seine Freunde mich weiterhin zu ihrem Vergnügen benutzten. Es war, als ob ich mich ihnen völlig hingegeben hätte, mein Körper ein Gefäß für ihr Vergnügen.

Tony war immer noch in mir, sein harter Schaft bewegte sich mit einer unerbittlichen Intensität in meine Muschi hinein und wieder heraus. Einer seiner Freunde stand jetzt hinter mir, sein Schwanz glitt in einem langsamen, gleichmäßigen Rhythmus in meinen Arsch hinein und wieder heraus. Ein anderer saß auf dem Bett und hatte seinen harten Schwanz in meinem Mund. Ich konnte seine Hände in meinen Haaren spüren, die mich auf seinem Schaft auf und ab führten.

Der vierte Mann stand neben dem Bett und streichelte seinen

Schwanz, während er zusah, wie die anderen mich benutzten. Ich konnte seine Augen auf mir spüren, er beobachtete jede meiner Bewegungen, während ich mich ihren Wünschen hingab.

Ich stöhnte und schrie, verlor mich in einem Meer aus Lust und Verlangen. Mein Körper stand in Flammen, jeder einzelne Nerv war von den Empfindungen, die mich durchströmten, erfüllt. Ich spürte die Hände der Männer auf meinem ganzen Körper, sie streichelten meine Haut, drückten meine Brüste und streichelten meine Schenkel.

Ich versuchte, die Schuld- und Schamgefühle zu verdrängen und mich nur auf die Lust zu konzentrieren, die sich in mir aufbaute. Aber es war schwer, die nörgelnde Stimme in meinem Hinterkopf zu ignorieren, die mich daran erinnerte, was ich tat und wie falsch es war.

Als Tony weiter in mich stieß und seine Bewegungen immer hektischer wurden, spürte ich, wie sich mein Körper in Erwartung anspannte. Ich stand kurz vor dem Orgasmus, mein Körper zitterte vor lauter Lust.

Plötzlich zog sich Tony aus mir zurück, sein Sperma spritzte auf meinen Bauch. Der Mann in meinem Arsch tat es ihm gleich, sein heißes Sperma füllte mich aus, während ich vor Lust schrie.

Der Mann in meinem Mund war der Nächste, dessen Sperma meine Zunge überzog und meinen Mund füllte. Ich schluckte es begierig hinunter, mein Körper gierte nach jedem Tropfen.

Der letzte Mann trat vor, seinen harten Schwanz in der Hand. Er streichelte ihn ein paar Mal und beobachtete mich, während ich keuchend und mit Sperma bedeckt dalag.

"Willst du mehr probieren?", fragte er mit einer Stimme voller Lust und Verlangen.

Ich nickte eifrig, unfähig, dem Sog seines Verlangens zu widerstehen.

Er rückte näher, sein Schwanz streifte meine Lippen. Ich öffnete begierig meinen Mund, nahm ihn auf und saugte ihn tief in meinen Mund.

Als er in mich hinein- und wieder herausstieß und seine Hände meinen Kopf festhielten, spürte ich, wie sich mein Körper wieder anspannte. Ich stand kurz vor einem weiteren Orgasmus, mein Körper zitterte vor Verlangen.

Ich hörte James in der Ecke des Raumes weinen, während die anderen Männer sich an mir zu schaffen machten. Tony stichelte gegen ihn und sagte Dinge wie: "Du siehst gerne zu, wie deine kleine Frau gefickt wird, nicht wahr?"

Der erste Mann ließ sich Zeit, ließ seine Hände langsam über meinen Körper gleiten und küsste mich sanft. Ich spürte, wie seine Finger die Kurve meiner Brüste entlang fuhren und seine Lippen meinen Hals hinunter wanderten. Ich stöhnte leise auf, unfähig, dem Vergnügen zu widerstehen, das er mir bereitete.

Tony sah von der Seite des Bettes aus zu, mit einem Grinsen im Gesicht. "Das gefällt dir, nicht wahr, Florence? Gefällt es dir, all diese Männer in dir zu haben?"

Ich antwortete nicht, zu sehr war ich in das Vergnügen vertieft, das der Mann mir bereitete. Seine Finger fanden ihren Weg zu meinem Kitzler und rieben ihn sanft, während er mich tief küsste. Ich spürte, wie ich feuchter und feuchter wurde, wie sich die Lust in mir aufbaute.

Tony lachte. "Sie genießt das viel zu sehr. Vielleicht hätten wir sie schon vor langer Zeit zu unserem kleinen Spielzeug machen sollen."

Der erste Mann bewegte sich an meinem Körper herunter und positionierte sich zwischen meinen Beinen. Ich spürte, wie er meinen Eingang reizte und sich langsam in mich hineinschob. Es war ein anderes Gefühl als Tonys Rauheit, ein langsames, sanftes Vergnügen, das sich in mir aufbaute, bis ich unkontrolliert stöhnte.

"Fick sie härter", sagte Tony, seine Stimme tief und fordernd. "Bring sie zum Schreien."

Der zweite Mann bewegte sich als nächstes und nahm den Platz des ersten Mannes zwischen meinen Beinen ein. Er war härter als der erste und stieß mit einer Heftigkeit in mich, die mir den Atem raubte. Ich spürte, wie mein Körper auf ihn reagierte, wie sich die Lust in mir aufbaute, bis ich am Rande eines weiteren Orgasmus stand.

Tonys Stimme durchbrach den Dunst der Lust. "Komm noch nicht, Florence. Ich will, dass du für mich kommst."

Der dritte Mann kam als nächster, und er war der härteste von allen. Er stieß hart und schnell in mich hinein, mit einer Kraft, die mich nach Luft schnappen ließ. Ich spürte, wie ich kurz davor war, zu kommen, mein Körper zitterte vor Verlangen.

"Ich werde kommen", keuchte ich, unfähig, mich länger zurückzuhalten.

Tony lachte. "Noch nicht, Florence. Nicht bevor ich es sage."

Die Männer wechselten sich mit mir ab, und jeder brachte mich immer näher an den Rand des Abgrunds. Ich verlor mich in einem Dunst der Lust, mein Körper reagierte auf jede Berührung und jeden Stoß von ihnen.

Und dann endlich gab Tony das Kommando. "Komm für mich, Florence. Komm für uns alle."

Ich stieß einen Freudenschrei aus, als der Orgasmus mich durchzuckte und mein Körper sich vor Vergnügen zuckte, während die Männer sich weiter in mir bewegten. Es war der intensivste Orgasmus, den ich je erlebt hatte, und ließ mich keuchend und erschöpft zurück.

Als die Männer fertig waren und sich aus mir zurückzogen, beugte sich Tony herunter und flüsterte mir ins Ohr. "Du warst unglaublich, Florence. Du bist wirklich das perfekte kleine Spielzeug."

Ich spürte, wie Tonys Finger in mich eindrangen, und ich keuchte angesichts des plötzlichen Eindringens. Ich erholte mich immer noch von den vorherigen Männern, aber Tony schien das nicht zu kümmern. Er begann, seine Finger in mir zu bewegen, sie zu drehen und zu wenden, so dass sich mein Körper vom Bett abhob.

"Gefällt dir das, Florence?" fragte Tony mit einem Grinsen im Gesicht. "Du magst es, an deine Grenzen gebracht zu werden?"

Ich versuchte, etwas zu sagen, aber alles, was ich herausbrachte, war ein Stöhnen der Lust. Tonys Finger waren geschickt, und ich spürte, wie ich auf einen weiteren Orgasmus zusteuerte.

"Bitte, Tony", keuchte ich. "Ich kann nicht mehr."

Aber Tony hörte nicht auf. Er bewegte seine Finger weiter in mir und trieb mich immer näher an den Rand. Ich wälzte mich auf dem Bett, mein Körper brannte vor Verlangen.

"Komm für mich, Florence", sagte Tony. "Lass mich sehen, wie viel du aushältst."

Ich spürte, wie sich Tonys Finger immer schneller und härter in mir bewegten und Schockwellen der Lust durch meinen Körper sandten. Ich stöhnte und wimmerte, verloren in einem Meer der Lust.

"Bitte, Tony", flehte ich. "Bitte, hör auf. Ich kann es nicht mehr ertragen."

Aber er hörte nicht auf. Stattdessen stieß er mich fester, seine Finger bewegten sich wie wild in mich hinein und wieder heraus. Ich spürte, wie mein Körper immer näher an den Rand des Abgrunds kam, wie sich meine Muskeln anspannten und sich mein Atem beschleunigte.

"Komm schon, Florence", sagte Tony, seine Stimme war tief und verführerisch. "Lass dich gehen. Lass mich sehen, wie du auseinander gehst."

Und dann geschah es. Die Lust in mir explodierte wie ein Feuerwerk und verzehrte mich völlig. Ich schrie, als ich kam, mein Körper zitterte und bebte, während Tony seine Finger weiter in mir bewegte.

Als es endlich vorbei war, lag ich keuchend da und schnappte nach Luft. Tony zog seine Finger zurück und stand vom Bett auf.

Als sich der nächste Mann zwischen meinen Beinen positionierte, spürte ich, wie mich ein Gefühl des Grauens überkam. Mein Körper war erschöpft, und ich glaubte nicht, dass ich noch mehr aushalten würde. Aber gleichzeitig war ein kleiner Teil von mir neugierig darauf, wie weit ich gehen konnte, wie viel Vergnügen ich ertragen konnte.

Als er in mich eindrang, spürte ich einen scharfen Schmerz durch meinen Körper schießen. Es war unangenehm, aber gleichzeitig mischte sich auch ein seltsames Gefühl der Freude darunter. Ich stöhnte und keuchte, als er sich in mich hinein- und wieder herausbewegte, wobei jeder Stoß Wellen von Lust und Schmerz durch meinen Körper schickte.

"Bitte, hör auf", flehte ich, aber gleichzeitig konnte ich nicht anders, als mehr zu wollen.

Tony stand in der Ecke des Raumes und beobachtete mich mit einem raubtierhaften Blick. "Sie genießt es, Leute. Macht weiter", sagte er mit einem Grinsen.

Ich schloss meine Augen und versuchte, alles um mich herum auszublenden und mich nur auf die Empfindungen in meinem Körper zu konzentrieren. Der Mann bewegte sich immer schneller, und ich spürte, wie ich wieder an die Grenze kam. Ich stand kurz vor einem weiteren Orgasmus, aber gleichzeitig hatte ich Angst davor, was passieren könnte, wenn ich loslassen würde.

"Bitte, hören Sie auf", flehte ich erneut, aber meine Bitten stießen auf taube Ohren.

Der Mann drang immer weiter in mich ein und aus, und jeder Stoß wurde immer schmerzhafter. Ich spürte, wie mir die Tränen über das Gesicht liefen, aber gleichzeitig mischte sich ein seltsames Gefühl der Freude darunter. Ich verlor mich in einem Dunst aus Lust und Schmerz und wusste nicht, wo das eine aufhörte und das andere anfing.

Schließlich war er fertig und zog sich aus mir zurück. Ich lag auf dem Bett, keuchte und schnappte nach Luft, mein Körper war mit Schweiß und Tränen bedeckt. Ich war mir nicht sicher, wie viel ich noch ertragen konnte, aber gleichzeitig verspürte ich ein seltsames Gefühl von Stolz darüber, wie weit ich mich selbst getrieben hatte.

Tony ging zu mir hinüber und beugte sich hinunter, sein Atem war heiß an meinem Ohr. "Du bist unglaublich, Florence. Absolut fantastisch", flüsterte er.

Ich konnte das Gewicht von James' Traurigkeit und Verzweiflung im Raum spüren, selbst als Tony ihn verspottete. "Sieh sie dir an, James. Sieh nur, wie sie zittert und vor Lust bebt. Sie ist jetzt eine kleine Schlampe für uns", sagte Tony, während seine Hände immer noch über meinen Körper wanderten.

James schluchzte in der Ecke des Raumes und flehte sie an, aufzuhören, aber ich konnte die Wahrheit von Tonys Worten nicht leugnen. Ich hatte es genossen. Ich hatte es gewollt. Ich hatte mich nach den Berührungen dieser Männer gesehnt, selbst als ich erschöpft und überwältigt dalag.

Tony fuhr fort, James zu necken, während er mich berührte, und machte anzügliche Witze und Bemerkungen, die mir den Magen umdrehen ließen. Aber gleichzeitig konnte ich nicht umhin, ein Gefühl der Befriedigung und Erfüllung zu empfinden.

"Ja, es hat mir gefallen", sagte ich leise, und meine Stimme war kaum zu hören, weil James so laut schluchzte. "Ich wollte es."

Tony grinste auf mich herab, seine Augen waren voller Lust und Verlangen. "Gut", sagte er. "Denn wir sind noch nicht fertig."

Ich spürte, wie eine Mischung aus Angst und Erregung über mich hereinbrach, als Tony und seine Männer begannen, sich auf eine weitere Runde vorzubereiten. Ich wusste nicht, wie viel ich noch ertragen konnte, aber gleichzeitig konnte ich den Hunger nicht leugnen, der immer noch in mir brannte.

Als sie sich erneut um mich herum positionierten, schloss ich meine Augen und machte mich auf das gefasst, was kommen würde. Lust und Schmerz vermischten sich jetzt so sehr, dass ich das eine nicht mehr vom anderen unterscheiden konnte. Ich wusste nur, dass ich ihnen gehörte, ganz und gar.

Während sie sich mit mir abwechselten, versuchte ich, mich auf die Empfindungen zu konzentrieren, die durch meinen Körper strömten. Das Gefühl ihrer Hände auf meiner Haut, ihr Atem an meinem Hals und ihre Schwänze, die sich in mich hinein- und herausbewegten. Es war überwältigend, und ich hatte das Gefühl, mich in diesem Vergnügen zu verlieren.

Tonys Stimme durchbrach den Dunst. "Gefällt dir das, Florence?", fragte er, während er beobachtete, wie die anderen Männer sich mit mir abwechselten.

Ich konnte kaum Worte formulieren, aber ich schaffte es, zur Antwort mit dem Kopf zu nicken. Ich wusste, dass das, was da geschah, falsch war, aber ich konnte das Vergnügen, das ich empfand, nicht leugnen. Ich schämte mich für mich selbst, aber ich konnte es nicht verhindern.

James saß immer noch in der Ecke, weinte und flehte sie an, aufzuhören. Aber sie ignorierten ihn und konzentrierten sich stattdessen auf mich und das Vergnügen, das sie dabei hatten, mich wie ein Spielzeug zu benutzen.

Ich fühlte mich, als würde ich auf einer Wolke der Lust schweben, völlig verloren in den Empfindungen, die mich durchströmten. Die Männer wechselten sich ab, jeder bewegte sich in mir und wieder heraus, jeder brachte mich näher an den Rand.

Und dann, gerade als ich dachte, ich könnte es nicht mehr aushalten, trat Tony noch einmal vor. "Bringen wir es zu Ende, Jungs", sagte er, während er sich vor mich stellte.

Ich wusste, was jetzt kommen würde, und ich war sowohl aufgeregt als auch verängstigt. Tony war der Größte von allen, und ich war mir nicht sicher, ob ich das aushalten würde. Aber ich war zu müde und zu überwältigt, um zu widerstehen.

Als er sich in mir bewegte, schrie ich vor Lust und Schmerz auf. Es war zu viel, und ich hatte das Gefühl, dass ich gleich explodieren würde. Und dann, endlich, tat ich es.

Als der Orgasmus mich durchfuhr, fühlte ich mich, als würde ich fliegen. Mein Körper bebte vor Lust, und ich schrie seinen Namen heraus. Es war der intensivste Orgasmus, den ich je erlebt hatte, und er ließ mich völlig entleert zurück.

Als die Männer fertig waren und sich aus mir zurückzogen, lag ich keuchend und nach Luft schnappend da. Tony zog seinen Schwanz zurück und stand vom Bett auf.

Ich hörte, wie Tony und James sich in gedämpftem Ton unterhielten, aber ich war zu erschöpft, um ihre Worte zu verstehen. Mein Körper zitterte noch immer von der Intensität meines Orgasmus, und ich war in einem Meer aus Lust und Schmerz versunken.

Nach ein paar Augenblicken ging Tony zurück zum Bett und beugte sich neben mich. "Du warst unglaublich, Florence", sagte er mit tiefer, körniger Stimme. "Absolut erstaunlich."

Ich schaffte es, meine Augen zu öffnen und zu ihm aufzuschauen, und spürte, wie mich ein Gefühl von Stolz überkam. Trotz des Schmerzes und der Scham, die ich empfand, hatte ich ihm gefallen. Und in diesem Moment war das alles, was zählte.

Aber dann hörte ich, wie James wieder zu schluchzen begann, und mein Herz sank. Ich wusste, dass es ihm wehtat, und ich konnte den Gedanken nicht ertragen, ihm so viel Schmerz zuzufügen.

Tony stand auf und ging zu James hinüber, der in der Ecke des Zimmers kauerte. "Hey, Kumpel", sagte er mit einer falsch fröhlichen Stimme. "Bist du okay?"

James schüttelte nur den Kopf, das Gesicht in den Händen vergraben.

Tony klopfte ihm auf den Rücken. "Mach dir keine Sorgen, Mann. Wir haben uns gut um deine Frau gekümmert. Wir haben sie zu einer echten Schlampe gemacht."

Ich fühlte einen Stich der Scham und Schuld, als ich ihn das sagen hörte. Es war natürlich wahr. Sie hatten mich zu ihrem Vergnügen benutzt, und ich hatte es zugelassen. Aber es so laut sagen zu hören, machte es noch realer.

James sah Tony mit Tränen in den Augen an. "Wie konntest du ihr das antun?", fragte er mit brüchiger Stimme.

Tony zuckte nur mit den Schultern. "Hey, Mann, du wolltest doch zusehen. Du wusstest, was passieren würde."

"Aber ich wusste nicht, dass es so sein würde", sagte James und seine Stimme wurde immer verzweifelter. "Du hast sie ruiniert. Du hast ihre Vagina ruiniert."

Tony lachte nur. "Nein, Mann, wir haben sie nur ein bisschen größer gemacht. Haben sie gut trainiert, weißt du?"

Ich fühlte eine Welle der Scham über mich kommen, als ich ihn das sagen hörte. Ich wusste, dass James recht hatte. Mein Körper war wund und gedehnt, und ich fragte mich, ob ich mich jemals wieder so fühlen würde wie früher.

Aber dann drehte sich Tony wieder zu mir um und beugte sich hinunter, sein Gesicht nur Zentimeter von meinem entfernt. "Es hat dir gefallen, nicht wahr?", fragte er mit tiefer, verführerischer Stimme.

Ich zögerte einen Moment, unsicher, wie ich antworten sollte. Doch dann spürte ich, wie mich eine Welle des Verlangens überkam, und ich nickte mit dem Kopf, wobei ich gleichzeitig ein Gefühl der Scham und der Erregung verspürte.

Tony grinste mich an. "Siehst du, James? Sie hat jede Minute davon genossen. Sie ist jetzt unsere kleine Schlampe."

Ich schloss meine Augen und spürte, wie mich ein Gefühl der Verzweiflung überkam. Ich wusste, dass ich nie in der Lage sein würde, dem zu entkommen, was heute Abend hier passiert war. Ich würde immer Tonys kleine Schlampe sein, egal wie sehr ich versuchte, es zu leugnen.

Nachdem Tony und seine Freunde das Zimmer verlassen hatten, erhob ich mich langsam vom Bett und begann, mich anzuziehen. Mein Körper fühlte sich wund und erschöpft an, aber die Scham und die Schuldgefühle, die ich empfand, waren noch überwältigender. Ich wusste, dass ich nie vergessen konnte, was mir widerfahren war, und bei dem Gedanken daran wurde mir ganz übel zumute.

Als ich mich fertig angezogen hatte, drehte ich mich zu James um, der immer noch mit dem Kopf in den Händen auf dem Boden saß. "James", sagte ich leise, "wir müssen hier weg. Wir müssen von hier verschwinden und nie wieder zurückkommen."

Er sah zu mir auf, seine Augen waren voller Tränen. "Es tut mir so leid, Florence. Es tut mir so leid, dass sie dir das angetan haben."

Ich ging zu ihm hinüber und löste die Seile, die seine Hände fesselten. Er stand auf, umarmte mich fest und vergrub sein Gesicht in meinem Haar. "Ich liebe dich", flüsterte er.

"Ich liebe dich auch", erwiderte ich und spürte, wie mir die Tränen in die Augen stiegen. "Aber wir können hier nicht bleiben. Wir müssen weg von hier und woanders neu anfangen."

Er nickte, und wir verließen das Zimmer und gingen zurück in den Flur. Als wir die Treppe hinuntergingen und das Gebäude verließen, konnte ich mich des Gefühls nicht erwehren, dass ein Teil von mir in diesem Raum zurückgelassen worden war. Ich wusste, dass ich nie vergessen konnte, was dort geschehen war, egal wie sehr ich es versuchte.

Aber ich wusste auch, dass ich weitermachen musste. Ich musste einen Weg finden, mit dem Geschehenen zu leben, und versuchen, ein neues Leben für mich und James aufzubauen. Es würde nicht einfach sein, aber ich wusste, dass ich es versuchen musste.

2

ALS BEZAHLUNG GENOMMEN: REBECCAS ERNIEDRIGUNG

"Thomas, ich kann nicht glauben, dass du mich dazu gezwungen hast."
"Du hättest mich beschützen sollen!"
Ich war an diesem Tag frustriert. Was für ein Mensch spielt mit seiner Frau?

Ich hatte meinen Mann noch nie betrogen, aber jetzt machte er mich zu einer Hure, zu einer Schlampe für seinen Chef.

Um ehrlich zu sein, war ich zuerst beunruhigt, aber schließlich habe ich es genossen.

--

Ich betrat das Bürogebäude und fühlte eine Mischung aus Aufregung und Nervosität. Mein Mann Thomas hatte darauf bestanden, dass ich ihn zu seinem Chef begleite. Ich verstand nicht wirklich, warum er mich dabei haben wollte, aber ich vertraute ihm und ließ mich darauf ein.

Als wir den Empfangsbereich betraten, sah ich mich in der schlichten, modernen Einrichtung um. Die Wände waren in einem kühlen Grauton gehalten, und die Böden bestanden aus poliertem Beton. Die Empfangsdame begrüßte uns mit einem Lächeln und wies uns den Weg zu den Aufzügen.

Wir traten in den 23. Stock hinaus, wo sich das Büro von Thomas' Chef befand. Als wir uns der Tür näherten, spürte ich mein Herz rasen. Ich war noch nie in einem so hochrangigen Büro gewesen und wusste nicht, was mich erwarten würde.

Thomas klopfte an die Tür, und eine tiefe Stimme rief: "Herein." Wir betraten das geräumige Büro, das mit dunklen Holzmöbeln und großen Fenstern ausgestattet war, die einen herrlichen Blick auf die Stadt boten.

"Ah, Thomas, schön, Sie zu sehen", sagte der Mann hinter dem Schreibtisch. Er stand auf und ging um den Schreibtisch herum, um Thomas die Hand zu schütteln. Ich sah ihn an und konnte nicht anders, als mich eingeschüchtert zu fühlen. Er war ein großer, imposanter Mann mit breiten Schultern und einem markanten Kinn. Er strahlte Zuversicht und Macht aus.

"Rebecca, das ist mein Chef, Mr. Andrews", sagte Thomas und stellte mich vor.

"Es ist mir ein Vergnügen, Sie kennenzulernen, Mr. Andrews", sagte ich und reichte ihm die Hand, damit er sie schütteln konnte.

"Das Vergnügen ist ganz meinerseits", sagte er, nahm meine Hand und hielt sie einen Hauch zu lange fest. Ich versuchte, sie wegzuziehen, aber er hielt sie fest und starrte mich aufmerksam an.

Ich spürte, wie mir ein Schauer über den Rücken lief, als er meine Hand weiter festhielt. Ich spürte, wie sein Blick über meinen Körper wanderte, und ich fühlte mich plötzlich sehr entblößt. Ich schaute Thomas an, in der Hoffnung, er würde mein Unbehagen bemerken und etwas sagen, aber er schien es nicht zu bemerken.

"Du bist noch schöner, als Thomas dich beschrieben hat", sagte Mr. Andrews schließlich und ließ meine Hand los. "Bitte, setzen Sie sich."

Ich setzte mich neben Thomas auf die Couch und versuchte zu ignorieren, wie Mr. Andrews mich ansah. Thomas begann eine Diskussion über einen Geschäftsvorschlag, aber ich war mit meinen Gedanken ganz woanders. Ich konnte das Gefühl nicht loswerden, von diesem Mann als Objekt betrachtet zu werden.

Im weiteren Verlauf des Gesprächs machte Mr. Andrews immer

wieder Bemerkungen über mein Aussehen. "Sie können sich glücklich schätzen, Thomas, eine so schöne Frau zu haben", sagte er irgendwann, wobei seine Augen auf meiner Brust verweilten.

Ich rutschte unbehaglich auf meinem Sitz hin und her und spürte, wie mir die Röte in den Nacken kroch. Ich wusste nicht, wie ich auf diese unangemessenen Bemerkungen reagieren sollte. Ich war nur eine Hausfrau, die es nicht gewohnt war, mit solchen Männern umzugehen.

Mr. Andrews machte mich weiterhin nervös, schaute auf meine Beine und machte anzügliche Bemerkungen. Ich spürte seine Blicke auf mir, und mir wurde klar, dass ich einen Rock getragen hatte, der für dieses Treffen ein wenig zu kurz war.

Ich schaute an mir herunter und fühlte mich plötzlich unwohl. Ich trug einen schwarzen Bleistiftrock, der knapp über den Knien endete, und dazu eine taillierte Bluse, die meine Kurven zur Geltung brachte. Ich hatte versucht, mich für das Treffen gut zu kleiden, aber jetzt bereute ich meine Wahl.

Thomas schien das Verhalten von Mr. Andrews zu bemerken, aber er sagte nichts. Ich konnte sehen, dass er sich unwohl fühlte, aber er wollte vor seinem Chef keine Szene machen.

Schließlich wandte Mr. Andrews seine Aufmerksamkeit wieder mir zu. "Also, Rebecca, erzähl mir ein wenig von dir", sagte er und beugte sich vor.

Ich spürte, wie mein Herz schlug, als ich merkte, dass er persönliche Fragen stellte. Ich war ein privater Mensch, und ich gab nicht gerne zu viel von mir preis.

"Nun, ich bin Hausfrau", sagte ich und versuchte, meine Antwort kurz zu halten.

"Ah, Sie arbeiten also nicht außer Haus", sagte Mr. Andrews, dessen Blick immer noch auf meinen Beinen lag.

"Nein, ich kümmere mich um das Haus und meine Familie", sagte ich und spürte, wie sich meine Wangen aufheizten.

"Verstehe", sagte er und seine Stimme sank zu einem Flüstern. "Und was machst du so zum Spaß?"

Ich rutschte unbehaglich auf meinem Sitz hin und her und

wünschte, ich könnte verschwinden. "Ähm, ich lese gern und sehe mir Filme an", sagte ich in der Hoffnung, das Thema zu wechseln.

"Aber was ist mit deinen Hobbys?" drängte Mr. Andrews. "Hast du irgendwelche Hobbys?"

Ich zögerte einen Moment, bevor ich antwortete. "Nun, ich tanze gerne", sagte ich schließlich und spürte ein wenig Stolz in meiner Stimme. "Ich habe früher Ballettunterricht genommen, als ich jünger war."

"Interessant", sagte Mr. Andrews, seine Augen immer noch auf meine Beine gerichtet. "Ich wette, Sie würden in einem Tutu wunderschön aussehen."

Ich spürte, wie meine Wangen brannten, als mir klar wurde, wie unangebracht diese Bemerkung war. Ich konnte nicht glauben, dass ich auf diese Weise zum Objekt gemacht wurde.

Ich spürte, wie meine Wangen vor Wut und Verlegenheit brannten, als Mr. Andrews weiterhin unangemessene Bemerkungen machte. Ich konnte nicht glauben, dass Thomas mich hierher gebracht hatte, weil er wusste, wie sein Chef sich mir gegenüber verhalten würde.

Doch mein Unbehagen verwandelte sich in Schock, als ich hörte, wie Thomas und Mr. Andrews anfingen, über etwas ganz anderes zu sprechen.

"Thomas, du weißt, dass du mir eine Menge Geld schuldest", sagte Mr. Andrews, wobei seine Augen zwischen Thomas und mir hin- und herflogen.

"Ich weiß, ich weiß", sagte Thomas mit leiser Stimme. "Ich tue alles, was ich kann, um es Ihnen zurückzuzahlen, aber im Moment ist es einfach nicht möglich.

"Ich verstehe", sagte Mr. Andrews, wobei seine Stimme einen verschmitzten Ton annahm. "Aber vielleicht gibt es einen anderen Weg, wie Sie es mir zurückzahlen können."

Ich spürte, wie sich ein Knoten in meinem Magen bildete, als mir klar wurde, was Mr. Andrews da vorschlug. Ich schaute zu Thomas hinüber, in der Hoffnung, er würde die Sache abblasen, aber er sah nur verzweifelt aus.

"Was meinen Sie?", fragte er, wobei seine Stimme leicht zitterte.

"Ich meine, vielleicht kann Ihre reizende Frau Ihnen helfen", sagte Mr. Andrews, und seine Augen fixierten die meinen.

Mir wurde ganz mulmig zumute, als mir klar wurde, was er damit andeuten wollte. Ich schüttelte den Kopf und versuchte, meinen Abscheu und meine Wut zum Ausdruck zu bringen, aber Thomas flehte Mr. Andrews einfach weiter an.

"Bitte, es muss doch einen anderen Weg geben", sagte Thomas mit zitternder Stimme.

Ich konnte nicht glauben, was da geschah. Thomas verlangte von mir, mich an seinen Chef zu verkaufen, nur damit er seine Schulden begleichen konnte. Ich fühlte mich gedemütigt und war wütend, aber gleichzeitig wollte ich nicht, dass Thomas die Konsequenzen seines Handelns zu spüren bekam.

"Ich kann nicht glauben, dass du das von mir verlangst", sagte ich, und meine Stimme zitterte vor Wut.

"Es tut mir leid, Rebecca. Es tut mir so leid", sagte Thomas, während ihm die Tränen über das Gesicht liefen.

Mr. Andrews sah mich mit einem selbstgefälligen Blick an. "Nun, was sagst du dazu, Rebecca? Bist du bereit, einen Deal mit mir zu machen?"

Ich sah weg, unfähig, seinem Blick zu begegnen. "Ich weiß es nicht..."

"Komm schon, Rebecca. Es ist doch nur eine Nacht. Du wirst uns beide sehr glücklich machen", sagte Mr. Andrews und sein Ton triefte vor Unaufrichtigkeit.

Mir wurde ganz flau im Magen. Wie konnte er so etwas nur vorschlagen? Aber gleichzeitig wusste ich, dass ich keine andere Wahl hatte. Ich konnte Thomas nicht wegen seiner Fehler leiden lassen.

"Gut", sagte ich, meine Stimme kaum über ein Flüstern hinaus. "Ich werde es tun."

Thomas sah mich mit einer Mischung aus Erleichterung und Schuldgefühlen an. "Ich danke dir, Rebecca. Ich danke dir so sehr."

Ich wollte ihn anschreien, ihm sagen, wie sehr er mich verletzt hatte, indem er mich in diese Situation gebracht hatte. Aber ich behielt die Fassung und war fest entschlossen, die Sache irgendwie zu überstehen.

Mr. Andrews stand von seinem Schreibtisch auf und ging zu mir hinüber. Er streckte seine Hand aus und strich mir über den Arm, was mich vor Abscheu erzittern ließ.

"Du wirst es nicht bereuen, Rebecca", sagte er und ließ seine Augen über meinen Körper wandern.

Ich zog mich von ihm zurück, angewidert von seiner Berührung. "Lass uns das einfach hinter uns bringen."

Thomas sah mich mit Tränen in den Augen an. "Es tut mir so leid, Rebecca. Ich werde es wieder gut machen, versprochen."

Aber ich wusste, dass es zwischen uns nie wieder so sein würde wie früher.

"Da wir uns alle einig sind, gehörst du jetzt für heute Nacht mir, Rebecca", sagte Mr. Andrews lachend. Seine Augen schweiften immer noch über mich.

Ich konnte nicht glauben, was da geschah. Herr Andrews hatte seine Sekretärin und seine Nichte, einen 18-jährigen jungfräulichen Jungen, zu uns gerufen. Mir wurde ganz schlecht, als Mr. Andrews mich anwies, mich auszuziehen.

"Komm schon, Rebecca. Sei nicht schüchtern. Zeig uns, was du unter diesen Kleidern versteckst", sagte er und ein Grinsen spielte auf seinen Lippen.

Ich spürte, wie mein Gesicht vor Verlegenheit glühte, als ich langsam anfing, mich auszuziehen. Thomas sah weg, er konnte nicht hinsehen. Ich wusste, dass er seine Entscheidung bedauerte, aber jetzt war es zu spät.

Als ich nackt vor diesen Männern stand, konnte ich mich eines seltsamen Gefühls der Erregung nicht erwehren. Es war, als würde ich eine geheime Fantasie ausleben, von der ich nie wusste, dass ich sie hatte.

"Sehr schön", sagte Mr. Andrews, während seine Augen auf meinen Brüsten verweilten. "Und jetzt lass uns ein bisschen Spaß haben."

Er gab seiner Nichte ein Zeichen, näher zu kommen, und ich sah schockiert zu, wie er anfing, ihr zu zeigen, was sie tun sollte. Ich war entsetzt, aber gleichzeitig fing ein Teil von mir an, das Gefühl zu genießen, begehrt und gewollt zu werden.

Der junge Mann war nervös, aber er befolgte die Anweisungen von Mr. Andrews und berührte mich zunächst zaghaft, dann immer selbstbewusster, als er merkte, wie sehr ich es genoss. Ich spürte, wie ich feucht wurde, als seine Hände meinen Körper erkundeten, und ich konnte nicht anders, als vor Vergnügen zu stöhnen.

Thomas sah mit Unbehagen zu, sagte aber nichts. Ich wusste, dass er seine Entscheidung bedauerte, aber jetzt war es zu spät. Wir steckten alle zu tief drin.

Ich konnte spüren, wie die Hände des jungen Mannes zitterten, als er mich berührte, offensichtlich unerfahren und unsicher, was er tun sollte. Ich nahm seine Hände und legte sie dorthin, wo ich sie haben wollte, und führte ihn mit sanftem Druck.

"So", sagte ich, während ich seine Hände zu meinen Brüsten hinaufführte. "Du kannst mich hier berühren."

Er folgte meinem Beispiel, zunächst zögernd, dann aber immer selbstbewusster, als er sah, wie ich darauf reagierte. Ich konnte hören, wie Mr. Andrews und Thomas schwer atmeten, als sie uns beobachteten und ihre Augen an meinem nackten Körper klebten.

Die Hände des jungen Mannes wanderten meinen Bauch hinunter und dann zwischen meine Beine, was mir ein Keuchen entlockte. Er war noch zögerlich, aber ich spürte, wie sein Vertrauen wuchs, während er meinen Körper erforschte. Ich spürte, wie meine Nässe zunahm, und ich wusste, dass ich kurz davor war zu kommen.

"Härter", stöhnte ich, als er meinen Kitzler noch kräftiger rieb. "Ja, genau so."

Ich spürte, wie sich mein Orgasmus aufbaute und mein Körper vor Lust zu zittern begann. Der junge Mann beobachtete mich aufmerksam, seine Hände bewegten sich immer noch zwischen meinen Beinen, während Mr. Andrews und Thomas wie gebannt auf die Szene vor ihnen schauten.

Ich spürte, wie mein Körper vor Lust zitterte, als der junge Mann den Anweisungen von Mr. Andrews folgte und immer grober mit mir wurde. Mein Stöhnen wurde lauter und drängender, und ich spürte, wie sich mein Orgasmus zu einem fast unerträglichen Niveau aufbaute.

Mr. Andrews beobachtete uns mit einem selbstgefälligen Gesichtsausdruck und genoss den Anblick seines jungen Gastes, der mich befriedigte. "Das ist es, Junge", sagte er. "Bring sie zum Kommen."

Ich fühlte, wie mich eine Welle der Demütigung überkam, als er sprach, weil ich wusste, dass Thomas das alles beobachtete. Aber ich konnte die Lust, die durch meinen Körper strömte, nicht aufhalten. Ich war so vertieft in den Moment, dass ich die neckischen Worte von Mr. Andrews kaum wahrnahm.

"Sieht aus, als würde sich deine Frau amüsieren, Thomas", sagte er mit einem Grinsen. "Vielleicht sollten wir das zu einer regelmäßigen Angelegenheit machen."

Thomas bewegte sich unbehaglich und wusste offensichtlich nicht, was er darauf antworten sollte. Ich konnte das Bedauern und die Schuldgefühle in seinem Gesicht sehen, aber jetzt war es zu spät, um umzukehren. Wir waren alle zu weit gegangen.

Die Hände des jungen Mannes bewegten sich immer noch zwischen meinen Beinen, und ich spürte, wie mein Orgasmus immer näher rückte. "Oh Gott, ja", stöhnte ich, verloren in der Lust.

Ich spürte, wie mich ein Schock der Erregung durchfuhr, als Mr. Andrews den jungen Mann anwies, seine Zunge zu benutzen. Mein Herz pochte in meiner Brust, als er sich näher heranlehnte und seine Zunge Kreise um meine Klitoris zog. Ich stöhnte laut auf, und mein Körper wölbte sich vom Tisch, als Wellen der Lust über mich hinwegspülten.

"Oh Gott, ja", schrie ich, und meine Finger gruben sich in den Tisch. Die Zunge des jungen Mannes bewegte sich gekonnt über mein empfindliches Fleisch und sandte mit jedem Zungenschlag Stromstöße durch meinen Körper. Ich spürte, wie ich dem Höhepunkt immer näher kam, mein Atem ging stoßweise, während sich mein Orgasmus in mir aufbaute.

Thomas und Mr. Andrews schauten gebannt zu, ihre Augen starrten auf die Szene vor ihnen. Ich spürte ihre Blicke auf mir, was die Intensität des Moments noch verstärkte. Es war, als würde ich vor ihnen auftreten und eine Show abziehen, die sie alle genießen konnten.

Während der junge Mann weiter zauberte, spürte ich, wie ich mich auf den Höhepunkt zubewegte. Meine Muskeln spannten sich an und mein Körper bebte, als ich aufschrie und mein Orgasmus wie eine Flutwelle über mich hereinbrach. Der junge Mann hörte nicht auf und bearbeitete mich weiter mit seiner Zunge, während ich die Wellen der Lust ritt.

"Jetzt ist es an der Zeit, ein großer Junge zu sein, fick sie hart!" sagte Mr. Andrews.

Ich war noch in den Nachwirkungen meines Orgasmus versunken, als ich Mr. Andrews' Befehl hörte. Meine Augen weiteten sich vor Überraschung, als ich begriff, was gleich passieren würde. Der junge Mann sah mich an und zögerte einen Moment, bevor er auf mich kletterte.

Ich spürte, wie sein harter Schwanz gegen meinen Eingang drückte, und ich konnte nicht anders, als bei diesem Gefühl zu keuchen. Ich schaute zu Thomas hinüber, der den Tränen nahe war, und fühlte einen Anflug von Schuldgefühlen. Aber gleichzeitig jagten mir die rauen Berührungen des jungen Mannes Schauer über den Rücken, und ich konnte die Erregung, die sich in meinem Körper aufbaute, nicht leugnen.

"Bitte, hören Sie auf", flehte Thomas, dessen Stimme vor Erregung zitterte.

Aber Mr. Andrews lachte nur und genoss die Szene, die sich ihm bot. "Seien Sie nicht so prüde, Thomas", sagte er. "Deine Frau amüsiert sich. Lass sie doch ihren Spaß haben."

Der junge Mann begann, in mich einzudringen, und ich konnte mir ein Stöhnen nicht verkneifen. Er war härter als alle Männer, mit denen ich bisher zusammen gewesen war, aber das Gefühl war so intensiv, dass ich nicht widerstehen konnte. Ich schlang meine Beine um ihn und zog ihn näher an mich heran, als er begann, in mich zu stoßen.

Das Vergnügen war überwältigend, und ich schrie bei jedem Stoß auf. Ich spürte Thomas' Blick auf mir, und ich wusste, dass er sich vor dem, was geschah, ekelte. Aber gleichzeitig konnte ich mich nicht davon abhalten, die rohe, ungezügelte Lust zu genießen, die der junge Mann mir bereitete.

Als der junge Mann das Tempo steigerte, spürte ich, wie ich einem weiteren Orgasmus immer näher kam. Ich grub meine Nägel in seinen Rücken und trieb ihn an, während er mit zunehmender Intensität in mich stieß. Und dann, mit einem letzten Stoß, spürte ich, wie ich noch einmal vor Lust explodierte.

Der junge Mann sackte auf mir zusammen und keuchte schwer, als er wieder zu Atem kam. Mr. Andrews applaudierte mit einem Ausdruck der Zufriedenheit auf seinem Gesicht. "Gut gemacht", sagte er. "Du hast Thomas' Frau eine Nacht beschert, die sie nie vergessen wird.

Ich lag da, keuchend und erschöpft, als Mr. Andrews sich mir näherte. Der junge Mann hatte den Raum verlassen und ließ mich mit Mr. Andrews und Thomas allein. Ich konnte das Verlangen in Mr. Andrews' Augen sehen, als er auf mich herabblickte, und ich spürte, wie mir ein Schauer über den Rücken lief.

"Jetzt bin ich dran", sagte er und ließ eine Hand über meinen Körper gleiten. Ich hatte nicht die Kraft zu protestieren, also lag ich einfach da und ließ mich von ihm berühren. Seine Hände waren rau, und ich konnte Schwielen an seinen Fingern spüren, als er sie über meine Haut gleiten ließ.

"Du bist eine sehr schöne Frau, Rebecca", sagte er mit tiefer, verführerischer Stimme. "Ich wollte dich schon so lange berühren."

Ich antwortete nicht, zu müde, um mich auf ein Gespräch einzulassen. Aber das schien Mr. Andrews nicht zu interessieren. Er fuhr fort, mich zu berühren, ließ seine Hände über meine Brüste und meinen Bauch gleiten. Ich konnte spüren, wie seine Erektion gegen mich drückte, und ich wusste, was er wollte.

"Bitte", sagte ich schwach. "Ich kann das nicht mehr. Ich bin erschöpft."

Mr. Andrews lachte nur. "Mach dir keine Sorgen, meine Liebe", sagte er. "Ich werde mich um dich kümmern."

Er stellte sich zwischen meine Beine, und ich spürte, wie seine Hände sie auseinander drückten. Ich versuchte mich zu wehren, aber ich war zu schwach. Ich spürte seinen heißen Atem auf meiner Haut, als er sich zu mir beugte, und dann war seine Zunge auf mir, leckte und saugte mit Hingabe.

Ich stöhnte auf, und mein Körper reagierte trotz meiner Müdigkeit. Mr. Andrews schien genau zu wissen, was er tat, und ich spürte, wie mein Vergnügen noch einmal zunahm. Ich schloss meine Augen und verlor mich in den Empfindungen, während Mr. Andrews mich weiter verwöhnte.

"Das gefällt dir, nicht wahr?", sagte er mit heiserer Stimme. "Du magst es, wenn ich dich so lecke?"

Ich konnte nur nicken, unfähig, Worte zu bilden. Mr. Andrews redete weiter schmutzig auf mich ein und trieb mich an, während er mich immer näher zum Orgasmus brachte. Ich spürte, wie seine Finger zusammen mit seiner Zunge arbeiteten, und ich wusste, dass ich kurz davor war.

Als ob er mein Verlangen nach mehr spürte, rief Mr. Andrews wieder nach seinem jungen Neffen, der in der Ecke des Raumes wartete. "Komm her, Junge", sagte er. "Ich möchte, dass du siehst, wie ein richtiger Mann eine Frau befriedigt."

Der junge Mann kam zu uns herüber, seine Augen starrten auf meinen Körper. Mr. Andrews winkte ihn näher heran, und bald war er direkt neben uns, seine Hände wanderten über meine Brüste.

"Mach schon, Neffe", sagte Mr. Andrews und gab dem jungen Mann ein Zeichen, dass er an der Reihe sei. "Sei nicht schüchtern. Sie genießt es."

Der junge Mann begann meinen Körper zu erforschen, seine Hände und sein Mund arbeiteten mit Mr. Andrews zusammen, um mich dem Orgasmus immer näher zu bringen. Ich spürte, wie ich von

Sekunde zu Sekunde feuchter wurde und mein Körper auf die Berührungen der beiden Experten reagierte.

Während ich so dalag und mich in der Lust verlor, spürte ich, wie Thomas uns aus der Ecke des Raumes beobachtete. Er war eindeutig erregt von dem, was er sah, aber ich konnte auch die Eifersucht in seinen Augen spüren. Es war schwer für ihn, mit anzusehen, wie seine Frau von seinem Chef und seinem Neffen verwöhnt wurde, aber er konnte nicht wegsehen.

Mr. Andrews' Dirty Talk erfüllte den Raum und spornte uns alle zu noch größeren Höhen der Lust an. "Das ist es, meine kleine Schlampe", sagte er mit tiefer und rauer Stimme. "Das gefällt dir, nicht wahr? Zwei Männer, die dich gleichzeitig befriedigen."

Ich konnte nur zustimmend nicken, verloren in der Erregung, von zwei Männern auf einmal begehrt zu werden. Ich spürte, wie ich mich auf einen explosiven Orgasmus zubewegte, wie sich die Lust in meinem Körper immer stärker zusammenzog.

Ich konnte nicht glauben, was mit mir geschah. Ich lag auf Mr. Andrews' Schreibtisch, völlig entblößt, und zwei Männer erkundeten meinen Körper. Der junge Mann hatte sich hinter mich gestellt, seine Hände wanderten über meinen Rücken und mein Gesäß, während Mr. Andrews zwischen meinen Beinen blieb und mit seiner Zunge und seinen Fingern fachmännisch meinen Körper bearbeitete. Das Vergnügen war überwältigend, und ich spürte, wie ich von Sekunde zu Sekunde feuchter wurde.

"Gott, du bist so feucht", sagte Mr. Andrews und sah mich mit einem verruchten Lächeln an. "Du bist wirklich eine kleine Schlampe, nicht wahr?"

Ich konnte nur stöhnen, verloren in den Empfindungen, die sie mir gaben. Der junge Mann küsste meinen Nacken, seine Hände drückten meine Brüste, während Mr. Andrews sich weiter unten um mich kümmerte.

"Fuck, ich kann nicht länger warten", knurrte Mr. Andrews und zog sich von mir zurück. "Neffe, stell dich hinter sie. Ich will sehen, wie sie mit uns beiden umgeht."

Der junge Mann gehorchte und stellte sich hinter mich, während

Mr. Andrews seinen Platz an der Spitze einnahm. Ich spürte, wie sich beide gegen mich drückten, ihre harten Glieder drückten in mein Fleisch.

"Bist du bereit dafür, meine kleine Schlampe?" fragte Mr. Andrews, seine Stimme rau vor Verlangen.

"Ja", keuchte ich, unfähig, dem Vergnügen zu widerstehen, das sie mir bereiteten.

Sie begannen, sich gemeinsam zu bewegen und stießen von beiden Seiten in mich hinein. Das Vergnügen war überwältigend, und ich spürte, wie ich neue Höhen der Ekstase erreichte. Der junge Mann stieß mit ungeheurer Intensität in mich hinein, seine Hände umklammerten meine Hüften, während er immer tiefer in mich eindrang. Währenddessen stieß Mr. Andrews mit langen, langsamen Stößen in mich, seine Hände wanderten über meine Brüste, während er das Gefühl genoss.

"Oh Gott", stöhnte ich, unfähig, mich länger zurückzuhalten. "Ich werde kommen."

"Komm für uns, Baby", drängte Mr. Andrews, seine Stimme war tief und rau. "Lass uns sehen, wie sehr du es liebst."

Ich schrie auf, als der Orgasmus mich überrollte und Wellen der Lust meinen Körper durchströmten. Die beiden Männer stießen weiter in mich hinein, trieben mich noch höher, während ich auf den Wellen der Ekstase ritt.

Mein Körper brannte, als ich auf Mr. Andrews' Schreibtisch lag und keuchend nach Luft rang. Ich konnte nicht glauben, wie viel Vergnügen ich erlebte, und doch war es nicht genug. Mr. Andrews schien mein Verlangen nach mehr zu spüren und gab dem jungen Mann ein Zeichen, mit ihm den Platz zu tauschen.

"Jetzt bin ich an der Reihe, um zu sehen, wie viel du aushältst, meine Liebe", sagte Mr. Andrews, dessen Augen vor böser Erregung funkelten.

Der junge Mann trat an den Schreibtisch heran, sein Körper presste sich gegen meinen, während Mr. Andrews sich hinter mich bewegte. Sie begannen, in mich zu stoßen, einer vor und einer hinter mir, ihre Körper bewegten sich in perfekter Synchronisation.

Ich schrie auf, als sie mich zu neuen Höhen der Lust trieben, ihre Hände und Münder wanderten über meinen Körper, während sie weiter in mich stießen. Ich verlor mich in diesem Moment und gab mich völlig den Empfindungen hin, die meinen Körper durchströmten.

"Nimm es, Rebecca", knurrte Mr. Andrews in mein Ohr. "Wir wollen sehen, wie viel du aushältst."

Der junge Mann war unerbittlich in seinem Streben nach meinem Vergnügen, sein Körper stieß mit zunehmender Kraft in meinen. Ich spürte Mr. Andrews' Hände an meinen Hüften, die mich führten, während er von hinten in mich stieß.

Ich stöhnte und wimmerte, mein Körper wand sich unter der Intensität der Lust, die sie mir bereiteten. Ich spürte, wie sich mein Körper auf einen weiteren Orgasmus zubewegte, und mein Verstand drehte sich vor lauter Intensität des Geschehens.

"Komm schon, Rebecca", drängte der junge Mann, seine Stimme war voller Verlangen. "Lass es raus. Lass uns dich an den Rand bringen."

Ich schrie auf, als die Lust mich erneut überkam und mein Körper durch die Wucht meines Orgasmus zitterte. Mr. Andrews und der junge Mann stießen weiter in mich hinein, trieben mich höher und höher, während ich mich an den Rand der Ekstase klammerte.

Ich hatte das Gefühl, vor lauter Intensität in Ohnmacht zu fallen, aber ich konnte mich nicht dazu bringen, aufzuhören. Sie brachten mich an meine Grenzen, aber ich genoss jede Sekunde davon.

"Das war's, Rebecca", murmelte Mr. Andrews, seine Stimme war tief und rau. "Lass los. Gib uns alles, was du hast."

Ich schrie auf, als ein weiterer Orgasmus mich durchfuhr, mein Körper zuckte, als sie weiter in mich stießen. Ich verlor mich in den Empfindungen, mein Verstand verzehrte sich in der Lust, die sie mir bereiteten.

Endlich, nach einer gefühlten Ewigkeit, verlangsamten sie ihre Bewegungen. Sie zogen sich aus mir heraus, ihre Körper glitzerten vor Schweiß, als sie vom Schreibtisch zurücktraten.

Ich lag da und schnappte nach Luft, als sie zufrieden auf mich herabsahen.

"Sehr gut, meine Liebe", sagte Mr. Andrews, ein Lächeln auf seinen Lippen. "Du hast dich heute wirklich bewährt."

Der junge Mann grinste auf mich herab, seine Augen waren voller Bewunderung. "Du bist erstaunlich, Rebecca. Ich habe noch nie jemanden gesehen, der es so gut aufgenommen hat."

Ich konnte nicht sprechen, mein Verstand war noch immer im Dunst der Lust verloren, die mich verzehrt hatte. Alles, was ich tun konnte, war ein schwaches Nicken, mein Körper zitterte noch immer vor Nachbeben.

Plötzlich klopfte es an der Tür. Mr. Andrews rief, dass die Person eintreten solle, und ein anderer Mann kam herein. Ich fühlte eine Welle der Verlegenheit, als sie hereinkamen und uns mitten in unserem intimen Akt erwischten.

Er sah mich schockiert und neugierig an, seine Augen weiteten sich, als er mich nackt auf Mr. Andrews' Schreibtisch liegen sah. Ich spürte, wie mir die Röte in die Wangen stieg, weil ich mich schämte, in einer so kompromittierenden Position erwischt worden zu sein.

Der Mann schaute Mr. Andrews an, Verwirrung stand ihm ins Gesicht geschrieben. "Was ist hier los?", fragte er.

Mr. Andrews grinste verrucht und deutete auf mich. "Sie haben Glück, mein Freund", sagte er. "Das ist Thomas' Frau. Wir haben nur ein bisschen Spaß."

Ich wollte nach meinen Kleidern greifen, aber Mr. Andrews hielt mich auf. "Nein, nein, meine Liebe. Seien Sie nicht schüchtern. Lass sie dich so sehen", sagte er mit tiefer, heiserer Stimme.

Ich spürte, wie mir die Röte in die Wangen stieg, als mir bewusst wurde, dass ich immer noch auf dem Schreibtisch lag, mein Körper entblößt und verletzlich. Aber gleichzeitig konnte ich mir den Nervenkitzel nicht verkneifen, von mehreren Männern gleichzeitig begehrt zu werden.

Der Mann starrte mich weiter an, seine Augen wanderten über meinen Körper. "Sie ist wirklich ein schöner Anblick", sagte er schließlich mit tiefer, heiserer Stimme.

Mr. Andrews gluckste. "Schön, dass sie Ihnen gefällt. Thomas hat sie uns für den Tag verkauft, also dachten wir, wir könnten auch etwas Spaß mit ihr haben."

Ich konnte den Schock und die Wut in Thomas' Augen sehen, aber er sagte nichts. Er hatte sich das genauso gewünscht wie ich, aber es war klar, dass es für ihn schwierig war, mich mit anderen Männern zu sehen.

Der Mann ging näher an mich heran, seine Augen immer noch auf meinen Körper gerichtet. "Ich muss sagen, ich hätte nie gedacht, dass Thomas auf so etwas stehen würde", sagte er.

Mr. Andrews grinste nur. "Oh, du wärst überrascht. Wir alle haben unsere geheimen Wünsche."

Ich fühlte mich so gedemütigt, so entblößt, aber gleichzeitig durchströmte das Vergnügen immer noch meinen Körper, und ich konnte nicht leugnen, wie sehr ich das genoss.

Der Mann lehnte sich näher heran und streckte seine Hand aus, um mich zu berühren. "Was dagegen, wenn ich mitmache?"

Mr. Andrews lachte nur. "Natürlich nicht. Je mehr, desto lustiger, oder?"

Ich spürte eine Mischung aus Angst und Erregung, als der Mann begann, mich zu berühren, seine Hände wanderten mit einer Vertrautheit über meinen Körper, die vermuten ließ, dass er dies schon einmal getan hatte. Ich spürte, wie ich wieder feucht wurde und mein Körper auf seine fachmännischen Berührungen reagierte.

Als die Hände des Mannes über meinen Körper wanderten, spürte ich einen Schauer aus Angst und Erregung. Es war klar, dass er erfahren war, und seine rauen Berührungen machten mich wieder feucht. Doch als sein Griff fester wurde und er mich gegen den Schreibtisch drückte, spürte ich einen scharfen Schmerz durch meinen Körper schießen.

Ich schrie vor Schmerz auf, aber selbst als mir die Tränen über das Gesicht liefen, konnte ich die Erregung nicht leugnen, von diesem Mann beherrscht zu werden. Der Schmerz mischte sich mit dem Vergnügen und ich fühlte mich lebendiger als je zuvor.

Ich hörte ein Rascheln und drehte meinen Kopf, um Thomas zu

sehen, der uns mit Eifersucht und Bedauern im Gesicht ansah. Ich fragte mich, ob er seine Entscheidung, mich für einen Tag an diese Männer zu verkaufen, zu bereuen begann.

Inzwischen genossen Mr. Andrews und sein Neffe die Szene und kommentierten, wie schön und unterwürfig ich aussah. Es war klar, dass sie sich an der Macht, die sie über mich hatten, ergötzten.

"Sie ist ein Naturtalent", sagte Mr. Andrews kichernd. "Ich wusste, dass sie damit umgehen kann."

Sein Neffe nickte zustimmend, seine Augen klebten an dem Anblick, wie ich von dem anderen Mann grob benutzt wurde. "Sie ist erstaunlich", sagte er. "Ich kann nicht glauben, wie weit sie sich seit heute Morgen entwickelt hat."

Ich schloss die Augen und gab mich dem Gefühl hin, beherrscht zu werden, wobei sich Schmerz und Vergnügen vermischten, bis ich nicht mehr sicher war, wo das eine aufhörte und das andere anfing. Ich wusste, dass ich an meine Grenzen stieß, aber selbst als mein Körper nach Erlösung schrie, wollte ich, dass sie mich weiter trieben.

Ich spürte, wie er näher kam, sein Atem wurde immer rasender, während er weiter in mich stieß. Ich stöhnte laut auf, mein Körper bebte vor Lust, als ich spürte, wie ich wieder einmal kurz vor dem Orgasmus stand.

Und dann, mit einem letzten, harten Stoß, vergrub er sich tief in mir und stöhnte vor Befriedigung, als er sich in mir entleerte. Ich spürte, wie sich sein heißer Samen in mir ergoss und mich ausfüllte, während ich vor Vergnügen aufschrie.

Ein paar Augenblicke lang lagen wir zusammen, unsere Körper noch immer in einem Gewirr von Gliedern verschlungen. Ich spürte, wie sich seine Atmung verlangsamte und sein Herzschlag sich wieder normalisierte, während wir beide zu Atem kamen.

Schließlich löste er sich von mir, sein Körper war schweißnass und seine Augen glühten noch immer vor Verlangen. Er sah mit einem Grinsen auf mich herab, und ich wusste, dass er jeden Moment unserer Begegnung genossen hatte.

Ich lag auf dem Tisch und keuchte schwer, während die Männer sich weiter unterhielten. Mein Körper summte immer noch vor

Vergnügen, aber die Schuld- und Schamgefühle begannen sich einzuschleichen. Ich konnte nicht glauben, was ich gerade getan hatte, dass ich mich auf so erniedrigende Weise hatte benutzen lassen.

Doch bevor ich zu lange darüber nachdenken konnte, fingen Mr. Andrews und sein Neffe an, Thomas mit Kommentaren über mich zu necken.

"Du verpasst was, alter Mann", kicherte Mr. Andrews. "Deine Frau ist ein ziemlicher Spielgefährte.

Sein Neffe lachte zustimmend. "Ich glaube, sie hat es mehr genossen als du", fügte er hinzu, während seine Augen auf meiner nackten Gestalt verweilten.

Ich verspürte einen Anflug von Wut auf die beiden, weil sie mich wie ein Objekt behandelten, aber gleichzeitig konnte ich nicht leugnen, wie aufregend es war, von mehreren Männern begehrt zu werden.

Thomas hingegen sah aus, als würde ihm gleich schlecht werden. "Bitte hör auf", flehte er. "Ich wusste nicht, dass es so sein würde."

Mr. Andrews kicherte nur. "Entspann dich, Thomas. Ihre Frau ist eine erwachsene Frau. Sie wusste, worauf sie sich einlässt."

Ich fühlte einen Stich ins Herz, als mir klar wurde, dass sie Recht hatten. Ich hatte mich freiwillig in diese Situation begeben, und jetzt erntete ich die Konsequenzen.

Aber auch wenn ich mich schämte, konnte ich nicht leugnen, dass ich es genossen hatte. Der Adrenalinstoß, der Nervenkitzel, dominiert zu werden - das war anders als alles, was ich je zuvor erlebt hatte.

"Es... es hat mir gefallen", murmelte ich, kaum mehr als ein Flüstern in der Stimme.

Die Männer drehten sich um und sahen mich an, die Überraschung stand ihnen ins Gesicht geschrieben. "Was war das, Liebes?" fragte Mr. Andrews.

Ich holte tief Luft, meine Wangen erröteten vor Verlegenheit. "Ich... ich mochte es", wiederholte ich, diesmal mit festerer Stimme.

Mr. Andrews grinste mich an. "Gutes Mädchen", sagte er. "Du bist ein Naturtalent."

Ich wollte ihn anschreien, ihm sagen, dass ich nicht sein Spielzeug war, aber gleichzeitig konnte ich den Rausch des Vergnügens nicht leugnen, den seine Worte mir bereiteten.

"Das werde ich nie vergessen", sagte ich, kaum mehr als ein Flüstern in der Stimme.

Mr. Andrews lachte nur. "Ich glaube, das wird keiner von uns", sagte er.

Und als ich so dalag, kribbelte mein Körper noch immer in der Erinnerung an ihre Berührung, und ich wusste, dass er Recht hatte. Dies war ein Tag, den ich nie vergessen würde, egal wie sehr ich es auch versuchte.

Mein Herz pochte in meiner Brust, als ich so dalag, immer noch geschockt von dem intensiven Vergnügen und der Demütigung der letzten Stunden. Ich konnte nicht glauben, was ich gerade getan hatte, und ich spürte, wie mich eine Welle der Scham und des Bedauerns überkam, als ich daran dachte, wie sie mich zu ihrem eigenen Vergnügen benutzt hatten.

Doch bevor ich überhaupt zu Atem kommen konnte, ergriff Mr. Andrews wieder das Wort. "Der Tag ist noch nicht zu Ende, meine Liebe", sagte er mit einem Grinsen. "Wir haben noch viel Zeit zum Spielen."

Ich stöhnte innerlich auf und spürte ein Gefühl des Grauens bei dem Gedanken, was er als Nächstes mit mir vorhatte. Doch bevor ich protestieren konnte, fuhr er fort. "Ich glaube, es ist sogar an der Zeit, dass du unsere Gäste ein bisschen ärgerst", sagte er und deutete auf das Telefon, das auf seinem Schreibtisch stand.

Meine Augen weiteten sich vor Entsetzen, als ich begriff, was er meinte. Er wollte, dass ich eine Show für seine Freunde abziehe, dass ich mich noch mehr erniedrige, indem ich sie dabei zuschauen lasse, wie ich mit mir selbst spiele.

"Nein, bitte", protestierte ich und spürte, wie eine Welle der Panik in meiner Brust aufstieg. "Ich kann das nicht tun. Ich will es nicht."

Aber Mr. Andrews lachte nur, und seine Augen funkelten böse

und amüsiert. "Ach, kommen Sie, meine Liebe", sagte er. "Sei nicht schüchtern. Das sind nur ein paar alte Freunde von mir. Sie werden dir nichts tun."

Zögernd nahm ich den Hörer ab und hielt ihn mir vors Gesicht. Einen Moment später erwachte der Bildschirm zum Leben, und ich starrte in die Gesichter dreier Männer, die ich noch nie zuvor gesehen hatte.

"Hallo, Jungs", sagte Mr. Andrews und grinste, als er auf mich zuging. "Ich möchte euch mein neues Spielzeug vorstellen."

Ich spürte, wie mich eine Welle der Demütigung überkam, als sie mich alle anstarrten und ihre Augen mit einer Mischung aus Neugier und Verlangen über meinen nackten Körper wanderten.

"Verdammt, sie ist heiß", sagte einer von ihnen, seine Stimme war von Erregung geprägt. "Ich wette, sie ist eine Wilde im Bett".

Ein anderer meldete sich zu Wort. "Ja, ich kann sagen, dass sie es gerne hart mag. Sieh dir die blauen Flecken an ihrem Hals an."

Ich spürte, wie meine Wangen vor Scham brannten, als sie alle lachten und grobe Bemerkungen über mich machten, die mich zu nichts weiter als einem Spielball ihrer Belustigung machten.

Aber selbst als ich das Gewicht ihres Urteils und ihres Spottes spürte, konnte ich nicht umhin, eine seltsame Erregung in mir aufsteigen zu spüren. Die Tatsache, dass ich so zur Schau gestellt wurde, dass ich zu ihrem Vergnügen benutzt und gedemütigt wurde, erregte mich auf eine Weise, wie ich es noch nie erlebt hatte.

Und als ich anfing, mich zu berühren, meine Finger über meine empfindliche Haut wandern zu lassen und mich zu ihrer Unterhaltung zu necken.

Ich spürte ihre Augen auf mir, die mich aufmerksam beobachteten, während ich mich immer näher an den Rand der Ekstase brachte.

Doch dann unterbrach Mr. Andrews meine Träumerei und erinnerte mich an meinen Platz. "Vergiss nicht, Rebecca, du bist Thomas' Frau", sagte er mit einem bösen Grinsen. "Du gehörst zu ihm, aber für heute Nacht gehörst du auch zu uns."

Ich nickte und fühlte eine Mischung aus Scham und Erregung,

als ich mich zu ihrer Unterhaltung weiter berührte. Die Männer in der Videokonferenz machten grobe Kommentare über mich, ihre Worte erfüllten mich mit einer Mischung aus Ekel und Verlangen.

"Sie ist eine echte Schlampe, nicht wahr?", sagte einer von ihnen, und ich spürte, wie ich vor Verlegenheit errötete, selbst als mein Körper auf seine Worte reagierte.

"Sie genießt das viel zu sehr", kommentierte ein anderer, dessen Stimme vor Verlangen klang. "Ich wette, sie will mehr."

Zuerst zögerte ich, auf ihre groben Bemerkungen zu antworten, aber als sich die Lust in mir aufbaute, wurde ich immer mutiger und dreister. "Gefällt dir, was du siehst?" fragte ich, meine Stimme kaum über ein Flüstern hinaus. "Willst du, dass ich mehr mache?"

Ich spürte, wie ich immer feuchter wurde, während sie weiter über mich sprachen, ihre Worte schürten mein Verlangen und brachten mich näher an den Rand. Und dann, wie aufs Stichwort, spürte ich, wie ich zum Höhepunkt kam, mein Körper bebte vor Vergnügen, und ich stieß ein leises Stöhnen aus.

Die Männer auf dem Videoanruf jubelten und lachten, ihre groben Kommentare erfüllten den Raum, während ich keuchend und erschöpft dalag. Und obwohl ich wusste, dass das, was wir taten, falsch war, dass es gegen jeden moralischen Kodex verstieß, den ich je gekannt hatte, konnte ich nicht anders, als ein Gefühl der Befreiung zu empfinden, ein Gefühl der Freiheit, das ich nie zuvor gespürt hatte.

Ich spürte, wie mich ein Gefühl der Beklemmung überkam, als Mr. Andrews noch einmal auf mich zukam, ein böses Grinsen auf dem Gesicht. "Noch eine Sache, bevor die Nacht zu Ende ist", sagte er und deutete auf die drei Männer, die vor ihm standen. "Gehen Sie auf die Knie und beglücken Sie uns, einen nach dem anderen."

Ich zögerte einen Moment, unsicher, ob ich noch mehr ertragen konnte, aber der Kitzel des Verbotenen und der Wunsch, zu gefallen, überwand meine Zweifel. Ich ging auf die Knie, mein Herz raste, als der erste Mann vortrat und Mr. Andrews' Hose bereits geöffnet hatte.

Ich streckte meine Hand zögernd aus, umschloss seinen Schaft und spürte, wie er in meinem Griff hart wurde. Mit einem tiefen

Atemzug nahm ich ihn in den Mund, wippte mit dem Kopf auf und ab, während ich seine salzige Haut schmeckte und seine Finger in meinem Haar spürte.

Die anderen Männer jubelten und lachten, während ich ihn verwöhnte, und die Geräusche ihrer groben Kommentare erfüllten den Raum. "Seht sie euch an", sagte einer von ihnen und klopfte Mr. Andrews auf den Rücken. "Sie ist ein echter Profi."

Ich ignorierte ihre Kommentare und konzentrierte mich stattdessen auf den Mann vor mir, entschlossen, ihm so viel Freude wie möglich zu bereiten. Ich bewegte meine Hand an seinem Schaft auf und ab, wirbelte meine Zunge um seine Spitze und spürte, wie er vor Lust zuckte. Schließlich kam er mit einem Stöhnen zum Höhepunkt und schoss seine heiße Ladung in meinen Mund, die ich mit einem Gefühl der Befriedigung hinunterschluckte.

Der nächste Mann trat vor, sein Glied war bereits hart und triefte vor Vorfreude. Ich wiederholte den Vorgang, nahm ihn in den Mund und spürte seine Hände auf meinem Kopf, während er mich an seinem Glied auf und ab führte. Ich fühlte ein Gefühl der Ermächtigung, während ich ihn verwöhnte, denn ich wusste, dass ich die Macht hatte, ihn allein mit meinem Mund in die Knie zu zwingen.

Und schließlich trat der dritte Mann vor, seine Augen brannten vor Verlangen, als er auf mich herabblickte. Ich nahm ihn in den Mund, während meine Hand immer noch die anderen bearbeitete, und ich spürte, wie er in meinem Griff immer härter wurde. Ich bewegte meinen Mund und meine Hand im Rhythmus und spürte, wie sich die Männer anspannten, als sie sich ihrem Höhepunkt näherten.

Und mit einem letzten Stoß kam er und bedeckte mein Gesicht mit ihrer heißen weißen Ladung, während sie auf meine Kosten lachten und jubelten. Ich blieb auf den Knien und fühlte mich gleichzeitig erheitert und erniedrigt, während sie mich weiter verspotteten und neckten.

Schnell zog ich meine Kleidung wieder an und stand auf, wobei ich die kühle Luft auf meiner Haut spürte, während ich versuchte, wieder zu Atem zu kommen. Die Männer lachten und klatschten sich gegenseitig ab und sonnten sich immer noch in ihrem Sieg, während ich spürte, wie mich ein Gefühl der Scham überkam.

Als wir den Raum verließen, ging Thomas neben mir her, den Kopf gesenkt und die Hände tief in die Taschen gesteckt. Ich konnte ihm ansehen, dass er seine Entscheidung, mich an seinen Chef und seine Freunde zu verkaufen, bereute, und ich konnte es ihm nicht verdenken. Ich selbst empfand eine Mischung von Emotionen, von Freude bis Abscheu, aber meistens nur Verwirrung.

Als wir den Flur hinuntergingen, spürte ich eine Hand auf meiner Schulter und drehte mich um, um Mr. Andrews zu sehen, der mich anlächelte. "Du warst fantastisch, meine Liebe", sagte er, und seine Stimme triefte vor Zufriedenheit. "Das müssen wir irgendwann wiederholen."

Ich nickte schwach und traute mich nicht zu sprechen, als wir endlich draußen ankamen. Die frische Luft tat meinem Gesicht gut, als ich zu Thomas hinübersah, der immer noch in Gedanken versunken war. "Geht es dir gut?" fragte ich und streckte die Hand aus, um seinen Arm zu berühren.

Er schüttelte langsam den Kopf, seine Augen waren voller Bedauern. "Ich wusste nicht, dass es so sein würde", sagte er leise. "Ich dachte, es wäre nur eine schnelle Möglichkeit, etwas Geld zu verdienen, aber ich hätte nie erwartet, dass es so... entwürdigend sein würde."

Ich verstand seine Gefühle, aber ich konnte nicht umhin, ein Gefühl der Befreiung zu verspüren, ein Gefühl der Macht, das ich nie zuvor gespürt hatte. "Es ist in Ordnung", sagte ich und versuchte, ihn zu beruhigen. "Ich habe es genossen, auf gewisse Weise. Und ich kann es jederzeit wieder tun, wenn du es willst."

Thomas blieb stehen, sein Gesicht wurde rot vor Wut. "Darum geht es nicht, Rebecca", spuckte er. "Ich wollte dich nicht wie eine Art Hure verkaufen. Ich dachte, du würdest dich aufregen, aber du tust so, als wäre es eine Art Spiel gewesen."

Ich spürte, wie meine eigene Wut in mir aufstieg, und mein neu gewonnenes Selbstvertrauen machte mich mutiger, als ich es je zuvor gewesen war. "Wenn du ein echter Mann wärst, hättest du mich nicht so verkauft", sagte ich, und meine Stimme wurde mit jedem Wort lauter. "Du hättest nicht zugelassen, dass sie mich wie ein Spielzeug behandeln."

Thomas starrte mich an, seine Augen weiteten sich vor Schreck. "Ich wusste nicht, dass du so sein würdest", sagte er, kaum mehr als ein Flüstern in der Stimme.

"Das hättest du aber sollen", erwiderte ich, drehte mich auf dem Absatz um und ging von ihm weg. "Denn von jetzt an werde ich tun, was ich will, mit oder ohne dich."

Ich stürmte aus dem Gebäude und ließ Thomas zurück, der in seinen eigenen Schuldgefühlen und seinem Bedauern schwelgte. Mein Verstand raste und versuchte, alles zu verarbeiten, was gerade passiert war. Ein Teil von mir fühlte sich beschwingt und lebendig, als hätte ich gerade eine ganz neue Welt der Lust und des Verlangens entdeckt. Aber ein anderer Teil von mir fühlte sich beschämt und benutzt, als wäre ich nichts weiter als ein Spielball für Mr. Andrews und seine Freunde gewesen.

Als ich gedankenverloren die Straße hinunterging, hörte ich Thomas von hinten nach mir rufen. Ich drehte mich zu ihm um, meine Augen loderten vor Wut und Frustration.

"Was willst du?" schnauzte ich und verschränkte meine Arme vor der Brust.

"Ich wollte nur... Ich hätte nicht gedacht, dass es so sein würde", stammelte er und sah auf seine Füße hinunter. "Ich wusste nicht, dass sie dich so behandeln würden."

"Du wusstest es nicht?" wiederholte ich, wobei meine Stimme vor Sarkasmus triefte. "Du wusstest nicht, dass, wenn du deine Frau an eine Gruppe von Fremden verkaufst, diese sie vielleicht nicht mit Respekt behandeln?"

"Es tut mir leid", sagte er, seine Stimme war kaum höher als ein Flüstern. "Ich dachte nur... Ich dachte, es wäre aufregend. Ich dachte, wir könnten etwas anderes machen, etwas Wildes."

"Und du hast nicht an die Konsequenzen gedacht?" fragte ich und schüttelte ungläubig den Kopf. "Du hast nicht daran gedacht, wie ich mich dabei fühlen würde? Wie es mich verändern würde?"

"Ich weiß, ich weiß", sagte er und streckte die Hand aus, um meinen Arm zu berühren. "Ich habe es vermasselt. Aber bitte, Rebecca, verlass mich nicht. Ich liebe dich."

Ich löste mich von ihm und fühlte eine Welle von Wut und Schmerz. "Mich lieben? Du liebst mich nicht, Thomas. Du liebst die Vorstellung von mir, die Fantasie von mir. Du weißt nicht, wer ich bin und was ich will. Und nach heute Abend bin ich mir nicht sicher, ob ich es überhaupt noch weiß."

"Rebecca, bitte", bettelte er, seine Augen flehten mich an. "Ich werde alles tun, um es wieder gut zu machen. Alles, was du willst."

Ich sah ihn einen Moment lang an und wog meine Optionen ab. Ein Teil von mir wollte ihm verzeihen und alles wieder so machen, wie es vorher war. Aber ein anderer Teil von mir wusste, dass es kein Zurück mehr gab, dass sich die Dinge zwischen uns unumkehrbar verändert hatten.

"Ich brauche etwas Zeit", sagte ich schließlich und drehte mich um, um von ihm wegzugehen. "Um nachzudenken. Um herauszufinden, was ich will. Und dann werden wir reden."

Und damit ging ich weg und ließ Thomas zurück, um die Konsequenzen seines Handelns zu tragen. Ich wusste nicht, was die Zukunft für uns bereithielt, aber ich wusste, dass, was auch immer es war, es anders sein würde als alles, was wir je zuvor erlebt hatten.

3

DIE ULTIMATIVE AUFOPFERUNG: TAUSCHE MEINEN KÖRPER GEGEN DEN JOB MEINES VATERS

D as war eine Katastrophe. Das war etwas, was ich in meinem Leben nie tun würde, niemals.

Aber ich musste es tun. Ich denke immer noch über diesen Tag nach und darüber, was ich getan habe. Es war hart, aber eigentlich habe ich jeden Moment davon genossen.

Ja, so habe ich den Job meines Vaters gerettet.

Immerhin habe ich für ihre Pflege, Aufmerksamkeit und Liebe viele Jahre lang bezahlt.

Dies ist ein großes Geheimnis von mir. Niemand weiß davon, außer mir und den Leuten im Büro meines Vaters.

--

Ich wachte auf, als ich das Schluchzen meines Vaters hörte. Es war ungewöhnlich, dass er weinte, und es beunruhigte mich. Ich ging nach unten und fand ihn auf der Couch sitzend, den Kopf in seinen Händen vergraben. Als er mich kommen hörte, wischte er sich schnell die Tränen ab und versuchte, ein Lächeln aufzusetzen.

"Guten Morgen, Hannah", sagte er, aber ich merkte, dass er es erzwungen hatte.

"Dad, was ist los?" fragte ich und setzte mich neben ihn.

"Es ist nichts, nur die Arbeit", antwortete er und versuchte, es herunterzuspielen.

Ich wusste, dass das nicht die Wahrheit war. Mein Vater war immer offen und ehrlich zu mir, und ich merkte, dass er etwas verbarg. Ich beschloss, ein wenig mehr Druck zu machen.

"Dad, bitte sag mir, was los ist. Du machst mir Angst."

Er seufzte und sah mich mit traurigen Augen an.

"Ich könnte meinen Job verlieren, Hannah. Die Firma verkleinert sich, und sie entlassen viele Leute. Ich weiß nicht, was ich tun werde, wenn ich meinen Job verliere."

Mein Herz sank, als ich seinen Worten lauschte. Mein Vater hatte über 20 Jahre lang für dieselbe Firma gearbeitet, und der Gedanke, seinen Job zu verlieren, war niederschmetternd.

"Es tut mir so leid, Dad", sagte ich und legte meinen Arm um ihn. "Kann ich irgendetwas tun, um zu helfen?"

Er schüttelte den Kopf: "Nein, ist schon gut. Ich lasse mir etwas einfallen."

Aber ich konnte mich nicht einfach zurücklehnen und ihm beim Leiden zusehen. Ich musste etwas tun, um zu helfen. In diesem Moment bemerkte ich sein Notizbuch auf dem Couchtisch. Zuerst zögerte ich, weil ich das Gefühl hatte, in seine Privatsphäre einzudringen, aber dann siegte meine Neugierde über mich. Ich schlug es bis zum letzten Eintrag auf, und meine Augen weiteten sich, als ich las, was dort geschrieben stand.

Als ich die Worte las, sank mein Herz. Mein Vater hatte es schwer, und er wollte weder mich noch meinen jüngeren Bruder mit seinen Problemen belasten. Ich wusste, dass ich etwas tun musste, um zu helfen.

Ich klappte das Notizbuch meines Vaters zu und fühlte eine Mischung aus Traurigkeit und Entschlossenheit. Ich wusste, dass ich ihm auf irgendeine Weise helfen musste, aber ich war mir nicht sicher, wo ich anfangen sollte. Ich schrieb meiner Freundin Emma eine SMS, die immer einen guten Rat wusste.

"Hey Emma, mein Vater könnte seinen Job verlieren. Hast du eine Idee, was ich tun kann, um ihm zu helfen?"

Innerhalb von Sekunden antwortete Emma. "Nutze deine Weiblichkeit zu deinem Vorteil. Sprich mit seinem Chef und überzeuge ihn, deinen Vater nicht zu feuern."

Ich runzelte die Stirn und fühlte mich bei dieser Idee unwohl. "Ich weiß nicht, Emma, das klingt ein bisschen dubios."

Emma entgegnete: "Es ist nicht skizzenhaft. Du setzt nur deinen Charme ein, um zu bekommen, was du willst. Außerdem ist es ja nicht so, dass du etwas Illegales tust."

Ich zögerte einen Moment, aber schließlich stimmte ich zu. Ich musste tun, was immer nötig war, um meinem Vater zu helfen.

Am nächsten Tag zog ich mein bestes Outfit an. Ich trug ein eng anliegendes Kleid, das meine Kurven umspielte, und ein Paar hochhackige Schuhe, in denen ich mich selbstbewusst fühlte. Ich machte mich auf den Weg zum Büro meines Vaters und war nervös, aber entschlossen.

Als ich dort ankam, bat ich darum, mit seinem Chef zu sprechen. Die Empfangsdame musterte mich von oben bis unten und warf mir einen missbilligenden Blick zu. Ich wusste, was sie dachte, aber es war mir egal. Ich war hier, um meinem Vater zu helfen.

Als ich endlich im Büro seines Chefs ankam, spürte ich, wie mein Herz in meiner Brust pochte. Ich holte tief Luft und klopfte an die Tür.

"Herein", rief eine Stimme.

Ich betrat den Raum und fühlte mich unsicher. Der Chef meines Vaters, Mr. Smith, blickte von seinem Schreibtisch auf und hob eine Augenbraue, als er mich sah.

"Hallo, Mr. Smith. Mein Name ist Hannah, und ich bin hier, um mit Ihnen über den Job meines Vaters zu sprechen", sagte ich und versuchte, selbstbewusst zu klingen.

Mr. Smith lehnte sich in seinem Stuhl zurück und musterte mich einen Moment lang. Ich merkte, dass er von meinem Erscheinen überrascht war, aber er sagte nichts.

"Was kann ich für dich tun, Hannah?", fragte er und klang neugierig.

"Ich weiß, dass mein Vater gerade eine schwere Zeit durchmacht, und ich wollte mit Ihnen darüber reden", sagte ich und versuchte, aufrichtig zu klingen. "Er ist seit über 20 Jahren in dieser Firma und war immer ein loyaler und fleißiger Mitarbeiter. Ich weiß, dass die Zeiten hart sind, aber ich wollte Sie nur bitten, darüber nachzudenken, ihn an Bord zu behalten."

Mr. Smith sah mich einen Moment lang an und musterte mich genau. Ich konnte erkennen, dass er versuchte zu entscheiden, ob ich es ernst meinte oder nicht.

"Hören Sie, ich weiß Ihre Besorgnis zu schätzen, aber ich kann niemanden an Bord behalten, nur weil er ein hübsches Familienmitglied hat", sagte er und klang verärgert.

Ich spürte, wie meine Wangen vor Verlegenheit erröteten. Ich wusste, dass es ein aussichtsloses Unterfangen war, aber ich musste es versuchen.

"Ich bitte dich nicht, ihn zu behalten, weil ich hübsch bin. Ich bitte Sie nur, all die harte Arbeit und das Engagement zu berücksichtigen, das er im Laufe der Jahre in diese Firma gesteckt hat", sagte ich und versuchte, meine Fassung zu bewahren.

Mr. Smith seufzte und lehnte sich in seinem Stuhl vor. "Hannah, ich verstehe, was Sie meinen, aber ich muss tun, was das Beste für das Unternehmen ist. Wenn ich jeden behalten könnte, würde ich das tun, aber so funktioniert es leider nicht."

Ich spürte, wie meine Hoffnungen schwanden, als er sprach. Ich wusste, dass es aussichtslos war, aber ich musste es versuchen.

"Ich danke Ihnen für Ihre Zeit, Mr. Smith", sagte ich und versuchte, meine Enttäuschung zu verbergen.

Ich verließ das Büro mit einem Gefühl der Enttäuschung. Ich hatte mein Bestes versucht, aber es war nicht genug.

Als ich aus dem Gebäude ging, klingelte mein Telefon. Ich schaute auf das Display und sah, dass es die Nummer von Mr. Smith war. Mein Herz setzte einen Schlag aus. Vielleicht hatte er seine Meinung geändert.

Ich nahm den Anruf entgegen und versuchte, meine Stimme ruhig zu halten. "Hallo, Mr. Smith?"

"Hannah, ich bin froh, dass ich Sie erwische. Kannst du einen

Moment in mein Büro kommen? Ich würde gerne etwas mit Ihnen besprechen."

Mein Herz raste vor Aufregung. Vielleicht hatte er sich meine Bitte doch noch einmal überlegt. Ich machte mich schnell auf den Weg in sein Büro, meine Absätze klackten auf dem Fliesenboden.

Als ich den Raum betrat, saß Mr. Smith an seinem Schreibtisch und starrte mich aufmerksam an. Ich spürte, wie seine Augen meinen Körper abtasteten, und ich fühlte mich plötzlich sehr unsicher.

"Bitte, setzen Sie sich", sagte er und wies auf den Stuhl vor seinem Schreibtisch.

Ich setzte mich und fühlte mich unwohl. Mr. Smith lehnte sich in seinem Stuhl zurück und betrachtete mich einen Moment lang, bevor er sprach.

"Hannah, ich habe darüber nachgedacht, was Sie vorhin gesagt haben, und ich muss zugeben, dass Sie eine sehr überzeugende junge Frau sind", sagte er, seine Augen immer noch auf mich gerichtet.

Ich spürte, wie mir ein Schauer über den Rücken lief. Die Art, wie er mich ansah, gefiel mir nicht.

"Aber ich muss ehrlich zu dir sein, Hannah. Ich bin mir nicht sicher, ob ich deinen Vater weiter beschäftigen kann. Die Firma macht harte Zeiten durch, und leider müssen wir einige harte Entscheidungen treffen", sagte er mit leiser und heiserer Stimme.

Ich spürte, wie sich mein Magen vor Unbehagen zusammenzog. Ich wusste, worauf das hinauslaufen würde, und es gefiel mir nicht.

"Ich verstehe, Mr. Smith", sagte ich und versuchte, meine Stimme ruhig zu halten. "Danke, dass Sie meine Bitte berücksichtigt haben."

Mr. Smith lehnte sich in seinem Stuhl nach vorne, wobei seine Augen meine nicht verließen. "Aber es gibt eine Sache, die Sie für mich tun könnten, Hannah. Etwas, das mich dazu bringen würde, meine Entscheidung zu überdenken."

Ich spürte, wie sich ein Kloß in meinem Hals bildete. Ich wusste, worauf das hinauslaufen würde, und es gefiel mir nicht.

"Was meinst du?" fragte ich und versuchte, unschuldig zu klingen.

Mr. Smith lehnte sich noch näher heran, sein Atem war heiß auf meinem Gesicht. "Du bist eine wunderschöne junge Frau, Hannah. Und ich komme nicht umhin, zu bemerken, wie du heute gekleidet bist. Es ist ... ablenkend."

Ich spürte, wie mein Gesicht vor Wut errötete. Wie konnte er es wagen, so mit mir zu reden?

"Es tut mir leid, Mr. Smith, aber ich verstehe nicht, worauf Sie hinauswollen", sagte ich und meine Stimme zitterte vor Wut.

Mr. Smith streckte die Hand aus und strich mir eine Haarsträhne aus dem Gesicht. Ich zuckte zurück und fühlte mich verletzt.

"Ich spreche davon, deinem Vater zu helfen, Hannah. Wenn du... etwas Zeit mit mir verbringen würdest, könnte ich meine Entscheidung vielleicht noch einmal überdenken."

Ich fühlte mich miserabel. Wie konnte er mich nur zu so etwas auffordern? Ich stand auf, meine Hände zitterten vor Wut.

"Ich glaube, es ist das Beste, wenn ich jetzt gehe, Mr. Smith. Danke, dass Sie sich die Zeit genommen haben", sagte ich, und meine Stimme zitterte vor Wut.

Mr. Smith stand ebenfalls auf, seine Augen starrten auf meinen Körper. "Hannah, bitte. Mach es nicht schwieriger, als es sein muss."

Angewidert wich ich zurück. "Ich denke, Sie sollten jetzt aufhören zu reden, Mr. Smith."

Ich machte auf dem Absatz kehrt und verließ sein Büro mit einer Mischung aus Wut und Abscheu. Ich konnte nicht glauben, dass er mich zu so etwas aufgefordert hatte. Da wusste ich, dass ich einen anderen Weg finden musste, um meinem Vater zu helfen, koste es, was es wolle.

Ich holte tief Luft und sammelte meine Gedanken, als ich zurück ins Büro ging. Ich konnte nicht zulassen, dass Mr. Smiths unangemessenes Verhalten mich von meiner Mission, meinem Vater zu helfen, ablenkte.

Ich ging zu seinem Schreibtisch und blieb aufrecht stehen, entschlossen, meine Fassung zu bewahren.

"Was wollen Sie, Mr. Smith?" fragte ich mit fester Stimme.

Mr. Smith sah zu mir auf, seine Augen flackerten vor Überraschung.

"Es tut mir leid, Hannah, ich wollte Sie vorhin nicht verärgern", sagte er und seine Stimme wurde weicher.

Ich hob eine Augenbraue und konnte seinen plötzlichen Tonfall nicht fassen.

"Das weiß ich zu schätzen, aber das beantwortet nicht meine Frage. Was wollen Sie eigentlich?" wiederholte ich und fühlte mich jetzt sicherer.

Mr. Smith zögerte, bevor er antwortete. "Ich wollte nur sagen, dass ich bereit bin, die Position Ihres Vaters zu überdenken. Aber ich brauche dafür eine Gegenleistung von Ihnen."

Bei seinen Worten drehte sich mir der Magen um. Ich hatte das Gefühl, dass sein Vorschlag nicht weniger schäbig sein würde als sein vorheriger.

"Was wollen Sie?" fragte ich, wobei meine Stimme meine Irritation kaum verbarg.

Mr. Smith lehnte sich in seinem Stuhl zurück und musterte mich einen Moment lang, wobei ein verschmitztes Lächeln um seine Lippen spielte.

"Ich glaube, du weißt, was ich will, Hannah", sagte er mit tiefer, anzüglicher Stimme.

Mein Blut kochte bei seiner Andeutung. Ich hatte genug von seinen Spielchen.

"Eigentlich weiß ich es nicht. Warum erklärst du es mir dann nicht?" sagte ich, meine Stimme kalt und fest.

Mr. Smiths Gesichtsausdruck verhärtete sich, und ich konnte erkennen, dass er es nicht mochte, herausgefordert zu werden.

"Ich möchte, dass Sie heute Abend zu mir nach Hause kommen. Nur wir beide. Wir werden beim Abendessen über die Arbeit deines Vaters sprechen. Und wer weiß, vielleicht kommen wir zu einer Einigung", sagte er, und seine Stimme triefte vor Verführung.

Ich konnte nicht glauben, was ich da hörte. Wie konnte er nur so schamlos sein?

Ich zögerte, sein Angebot anzunehmen, aber der Job meines Vaters stand auf dem Spiel. Ich musste etwas tun, um ihm zu helfen.

Also schluckte ich meinen Stolz herunter und willigte ein, mit ihm zu Abend zu essen.

Als wir zu seinem Auto gingen, wurde ich das Gefühl nicht los, dass er sich unwohl fühlte. Sein Auftreten hatte sich verändert. Er wirkte aggressiver und durchsetzungsfähiger, und das gefiel mir überhaupt nicht.

Als wir an seinem Haus ankamen, war ich von dessen Größe und Pracht beeindruckt. Das Herrenhaus war atemberaubend, mit hohen Decken, Kronleuchtern und Plüschteppichen. So etwas hatte ich noch nie zuvor gesehen.

Obwohl ich mich eingeschüchtert fühlte, versuchte ich, ruhig zu bleiben und keine Angst zu zeigen. Aber Mr. Smith machte es mir nicht leicht. Er wurde immer dreister, immer offener, und ich merkte, dass er die Macht, die er über mich hatte, genoss.

Er machte Bemerkungen über mein Aussehen, sagte mir, wie schön ich sei und wie glücklich mein Freund sei, mich zu haben. Ich spürte, wie ich rot wurde, aber ich wusste nicht, wie ich darauf reagieren sollte. Ein Teil von mir war angewidert, aber ein anderer Teil war erregt, und ich hasste mich dafür.

Ich wusste, dass ich mit dem Feuer spielte, aber ich konnte mir nicht helfen. Ich fühlte mich zu ihm hingezogen, und das machte mir Angst. Ich wollte mich nicht zu ihm hingezogen fühlen, aber ich tat es, und es war ein gefährliches Spiel.

Als wir uns zum Abendessen setzten, versuchte ich, das Gespräch auf die Arbeit meines Vaters zu lenken. Aber Mr. Smith hatte andere Pläne. Er flirtete ständig mit mir, machte anzügliche Bemerkungen, und ich spürte, wie sich die Spannung zwischen uns aufbaute.

Sein Verhalten erschreckte und erregte mich zugleich. So etwas hatte ich noch nie erlebt, und ich wusste nicht, wie ich damit umgehen sollte.

Aber eines wusste ich mit Sicherheit. Ich musste meinem Vater helfen, koste es, was es wolle. Und wenn das bedeutete, Mr. Smiths Spiel mitzuspielen, dann war das eben so.

"Hier ist mein Angebot, Hannah, es ist ganz einfach, bist du bereit, es zu hören?", sagte er.

"Ja", sagte ich mit schüchterner Stimme.

"Du wirst die ganze Nacht mir gehören, ich werde tun, was ich will, aber zuerst, was ist deine Lieblingsfarbe?", fragte er.

Es war eine interessante Frage, und ich zögerte zunächst mit der Antwort, aber er wartete offensichtlich auf eine Antwort.

"Rosa", sagte ich.

"Wenn du nicht pink sagst, höre ich nicht auf. Die Abmachung ist, wenn du rosa sagst, höre ich sofort auf. Ich bin kein Monster, keine Sorge", sagte er lachend.

Eigentlich fühlte ich mich dadurch sicher. Immerhin ließ er mir eine Wahl, ich war an seinem Angebot interessiert. Ich war neugierig.

"Okay, Sie werden meinen Vater nicht feuern, richtig?" fragte ich.

"Werde ich nicht, solange ich bekomme, was ich will."

"Abgemacht."

Ich folgte Mr. Smith in sein Schlafzimmer und fühlte eine Mischung aus Nervosität und Aufregung. Als wir das Zimmer betraten, war das Licht aus, aber das Mondlicht, das durch das Fenster fiel, erhellte den Raum. Es war groß, aber ich konnte in der Dunkelheit keine Details erkennen. Mr. Smith ging zum Bett hinüber, setzte sich hin und klopfte auf den Platz neben sich, um mir zu zeigen, dass ich mich setzen sollte.

Ich ging langsam zu ihm hinüber, mein Herz raste. Als ich mich setzte, legte er seine Hand auf meinen Oberschenkel und sah mir in die Augen. Ich spürte, wie mir ein Schauer über den Rücken lief, als er sich zu mir beugte und mir ins Ohr flüsterte: "Bist du bereit dafür, Hannah?"

Ich nickte und spürte, wie meine Wangen vor Erregung rot wurden. Er lächelte und beugte sich vor, um mich zu küssen, und ich konnte nicht anders, als seinen Kuss zu erwidern. Seine Lippen waren weich und warm, und ich spürte, wie ich mich in diesem Moment verlor.

Als er sich von mir löste, flüsterte er mir ins Ohr: "Sag mir, was du willst, Hannah."

"Ich will dich", flüsterte ich zurück und spürte, wie mein Herz vor Verlangen raste.

Er kicherte und beugte sich vor, um mich erneut zu küssen, aber diesmal war der Kuss tiefer und leidenschaftlicher. Ich spürte, wie seine Hände meinen Körper erkundeten und mir einen Schauer über den Rücken jagten. Ich stöhnte leise auf und spürte, wie mein Körper auf seine Berührung reagierte.

Als er sich zurückzog, sah er mich lächelnd an. "Genau das wollte ich hören", sagte er. "Jetzt zeig mir mal die rosa Unterwäsche, die du trägst."

Ich verspürte einen Anflug von Verlegenheit, als ich langsam begann, mein Hemd aufzuknöpfen und den rosa BH, den ich darunter trug, enthüllte. Er stieß einen leisen Pfiff aus, offensichtlich beeindruckt von dem, was er sah.

"Jetzt zieh deine Hose aus", sagte er, seine Stimme war befehlend, aber auch seltsam beruhigend.

Ich tat, was er sagte, und spürte, wie mein Herz vor Erregung und Vorfreude raste. Ich war völlig unter seiner Kontrolle, und ich liebte jeden Moment davon.

Als ich in meiner Unterwäsche dastand, betrachtete er mich mit einem zufriedenen Grinsen. "Jetzt wollen wir mal sehen, was du kannst", sagte er, während er sich auf dem Bett zurücklehnte.

Ich spürte eine Welle der Erregung, als ich auf das Bett kletterte und mich auf ihn spreizte. Ich spürte, wie seine Härte gegen mich drückte, und ich wusste, dass ich die Kontrolle hatte.

Als Mr. Smith begann, die Kontrolle zu übernehmen, spürte ich, wie ich immer mehr erregt wurde. Ich hatte nie mit BDSM zu tun gehabt, aber die Art, wie er mich fesselte, gab mir das Gefühl, in einer anderen Welt zu sein.

Er verband mir die Augen, und ich spürte seinen heißen Atem an meinem Hals, als er mir ins Ohr flüsterte. "Hab keine Angst", sagte er. "Ich werde dir nicht wehtun."

Ich hatte Angst, aber gleichzeitig vertraute ich ihm. Er schien zu wissen, was er tat, und ich war neugierig, wohin das führen würde.

Als er weiter meinen Körper erforschte, spürte ich, wie ich immer feuchter wurde. Ich konnte nicht glauben, dass ich das so sehr genoss. Es war, als wären alle meine Sinne geschärft, und ich nahm alles auf einer ganz anderen Ebene wahr.

Ich keuchte auf, als er mir fest in den Nacken biss. Der Schmerz war intensiv, aber gleichzeitig war es wie ein Stromstoß, der durch meinen Körper floss. Ich konnte mir das Stöhnen nicht verkneifen, das meinen Lippen entwich, und ich spürte, wie ich noch feuchter wurde.

"Das gefällt dir, nicht wahr?" flüsterte Mr. Smith in mein Ohr, sein Atem war heiß auf meiner Haut.

Ich brachte es nicht über mich, zu antworten. Ich verlor mich in einem Dunst aus Vergnügen und Schmerz, völlig verzehrt von diesem Moment.

Er fuhr fort, meinen Körper zu markieren, und hinterließ blaue Flecken und Bisswunden in seinem Gefolge. Mit jeder Berührung, jedem Kuss, jedem Biss steigerte sich mein Vergnügen, und ich sehnte mich nach mehr.

Mein Herz klopfte, als Mr. Smith mir die Augenbinde abnahm und den Raum in seiner ganzen Pracht zeigte. Ich war immer noch gefesselt und fühlte mich entblößt und verletzlich, als er in seiner Spielzeugschublade wühlte und eine Reihe von Dildos herausholte.

"Mal sehen, wo deine Grenzen liegen", sagte er grinsend und hielt mir einen kleinen lila Dildo hin.

Ich zögerte und spürte einen Stich der Angst in meinem Magen. Ich hatte noch nie einen Dildo benutzt, geschweige denn einen von dieser Größe. Aber gleichzeitig konnte ich nicht leugnen, dass ich neugierig war. Und um ehrlich zu sein, war der Gedanke, an meine Grenzen zu gehen, unglaublich erheiternd.

"Okay", sagte ich, meine Stimme kaum über ein Flüstern hinaus.

Er begann mit dem kleinen lila Dildo und führte ihn langsam in mich ein. Ich keuchte, als ich spürte, wie er mich ausfüllte, und Mr. Smith beobachtete mich mit einem raubtierhaften Blick, der sich eindeutig an meiner Reaktion erfreute.

Als er den Dildo weiter in mich hinein und wieder heraus schob, konnte ich nicht anders, als vor Vergnügen zu stöhnen. Es fühlte sich unglaublich an, und ich ertappte mich dabei, wie ich mich gegen ihn stemmte, weil ich mehr wollte.

Doch dann wechselte er zu einem größeren Dildo, und ich spürte einen Stich der Angst in meinem Bauch. Dieser war wesentlich größer, und ich war mir nicht sicher, ob ich damit umgehen konnte.

Mr. Smith bemerkte mein Zögern, hielt inne und sah mit einem berechnenden Blick auf mich herab. "Was ist los, Hannah? Hast du Angst?", fragte er.

Ich nickte und spürte, wie meine Wangen vor Verlegenheit erröteten.

"Das brauchst du nicht", sagte er kichernd. "Vertrau mir, du schaffst das schon."

Er schob den größeren Dildo in mich hinein, und ich keuchte, als ich spürte, wie er mich dehnte. Zuerst war es unangenehm, aber als er anfing, ihn in mich hinein und wieder heraus zu schieben, spürte ich, wie mich eine Welle der Lust überrollte. Schmerz und Vergnügen vermischten sich, und ich konnte nicht sagen, wo das eine aufhörte und das andere begann.

Ich spürte, wie ein Angstschock durch meinen Körper ging, als ich die Größe des Dildos sah, den er in der Hand hielt. Er war riesig, bei weitem der größte in der Schublade. Aber als er begann, ihn in mich hineinzuschieben, konnte ich nicht anders als zu stöhnen. Der Schmerz war intensiv, aber auch das Vergnügen.

"Geht es dir gut, Hannah?", fragte er, seine Stimme voller Sorge.

Ich nickte, unfähig, Worte zu bilden. Das Gefühl war überwältigend, und ich wusste nicht, ob ich noch mehr aushalten würde.

"Denk daran, wenn es zu viel ist, sag einfach das Wort", erinnerte er mich.

Aber ich wollte das Wort nicht sagen. Ich wollte meine Grenzen ausloten, um zu sehen, wie weit ich gehen konnte. Also sagte ich ihm, er solle weitermachen, er solle mich weiter antreiben.

Als er begann, den massiven Dildo in mich hinein und wieder heraus zu schieben, spürte ich, wie mir die Tränen über das Gesicht liefen. Der Schmerz war heftig, aber auch das Vergnügen war groß. Es war ein Gefühl, wie ich es noch nie zuvor erlebt hatte.

Ich schrie, ich weinte, ich flehte ihn an aufzuhören. Aber er tat es nicht. Er machte weiter, trieb mich bis an meine Grenzen und darüber hinaus.

Ich krümmte mich und schrie, während Mr. Smith den riesigen Dildo immer weiter in mich hinein und wieder heraus stieß. "Bitte, hör auf! Ich kann es nicht mehr ertragen!" schrie ich. Aber er hörte nicht zu. "Du kannst es aushalten, Hannah. Du bist stark", sagte er mit tiefer, heiserer Stimme.

Tränen liefen mir über das Gesicht, während ich versuchte, wieder zu Atem zu kommen. Der Schmerz war unerträglich, aber das Vergnügen war es auch. So etwas hatte ich noch nie erlebt. "Oh Gott, oh Gott", wimmerte ich, als Mr. Smith mich weiter bis an meine Grenzen trieb.

Ich spürte, wie er sich an meinem Eingang positionierte, und ich machte mich auf den unvermeidlichen Schmerz gefasst. Doch als er langsam in mich eindrang, stellte ich überrascht fest, dass es gar nicht so sehr weh tat, wie ich gedacht hatte. Es war unangenehm, ja, aber das Vergnügen war überwältigend.

Ich stöhnte auf, als er anfing, sich in mir zu bewegen und alle richtigen Stellen zu treffen. Ich schlang meine Beine um ihn und zog ihn tiefer in mich hinein. "Ja, ja", schrie ich auf. "Hör nicht auf."

Er stieß immer schneller und härter in mich hinein, und ich spürte, wie ich dem Höhepunkt immer näher kam. Mein Körper stand in Flammen, jeder Nerv kribbelte vor Lust. Ich schrie, als ich meinen Höhepunkt erreichte, und mein Körper bebte unter der Wucht meines Orgasmus.

Mr. Smith hörte jedoch nicht auf. Er machte weiter und trieb mich noch weiter an. Ich spürte, wie sich eine weitere Welle der Lust aufbaute, und ich wusste, dass ich wieder kommen würde.

"Oh Gott, oh Gott", schrie ich, als er in mich stieß. "Ich kann nicht mehr, bitte, bitte, bitte."

Aber er hörte nicht auf. Er machte einfach weiter, sein Körper stieß immer und immer wieder in meinen.

Ich konnte nicht glauben, was da geschah. Mr. Smith brachte mich an Orte, von denen ich nicht wusste, dass sie existierten. Sein

Körper drückte gegen meinen, und ich konnte jeden Zentimeter von ihm spüren, als er sich in mir bewegte und aus mir heraus. Seine Hände waren überall auf meinem Körper, drückten meine Brüste, zwickten meine Brustwarzen und zogen an meinen Haaren. Ich schrie, stöhnte und bettelte um mehr, alles zur gleichen Zeit.

"Bitte, bitte, hören Sie nicht auf", flehte ich ihn an, während sich mein Körper vor Lust krümmte.

Er hörte nicht auf. Er machte einfach weiter, trieb mich an den Rand und zog sich dann zurück, neckte und quälte mich. Ich spürte, wie ich mich auf etwas zubewegte, auf etwas Großes und Mächtiges, das einfach unerreichbar war. Und dann war es plötzlich da.

Ich spürte, wie eine Welle der Lust über mich hereinbrach, und ich schrie seinen Namen, als ich kam und mein Körper sich unter ihm zuckte. Er bewegte sich weiter, sein eigenes Vergnügen nahm zu, bis auch er schrie und in mir kam.

Ich keuchte immer noch und schnappte nach Luft, als Mr. Smith vom Bett aufstand. Er ging zur Schublade hinüber und holte ein paar neue Spielzeuge heraus, die intensiver waren als die, die er zuvor benutzt hatte. Mein Herz raste mit einer Mischung aus Angst und Erregung, als ich sah, wie er sich mir mit einer Reitgerte in der Hand näherte.

Er stellte sich an den Rand des Bettes und sah auf mich herab, seine Augen funkelten mit einer dunklen Intensität. "Bist du bereit für die zweite Runde, Hannah?", fragte er und seine Mundwinkel verzogen sich zu einem verruchten Lächeln.

Ich nickte, unfähig, Worte zu formulieren, als er zurück auf das Bett kroch, die Reitgerte immer noch in der Hand. Er strich mit der Spitze über meine Haut und ließ mich vor Erwartung erzittern. "Du bist so eine gute kleine Sklavin, Hannah", sagte er, bevor er die Gerte hart auf meinen Oberschenkel schlug.

Ich jaulte vor Schmerz auf, aber gleichzeitig spürte ich einen Anflug von Vergnügen. Er schlug mich erneut, und ich schrie auf, mein Körper wand sich gegen die Fesseln. Aber er hörte nicht damit auf. Er schlug mich wieder und wieder, jedes Mal härter als das letzte Mal, bis ich ein zitterndes Chaos unter ihm war.

Ich spürte, wie sich die Hitze in meinem Körper ausbreitete, wie Schmerz und Lust miteinander verschmolzen, bis ich sie nicht mehr auseinanderhalten konnte. "Oh Gott, oh Gott", stöhnte ich, meine Augen schlossen sich, als ich mich ihm völlig hingab.

Er legte die Gerte beiseite und nahm einen Auspeitscher in die Hand, mit dessen Schwanz er über meine Haut strich. Er fing langsam an, klopfte mir leicht auf die Haut, aber dann steigerte er das Tempo und die Schläge prasselten in schneller Folge auf mich nieder. Ich keuchte und wimmerte, mein Körper brannte vor Verlangen, das ich nicht verstand.

Und dann hörte er auf, der Auspeitscher verstummte. Er beugte sich herunter und küsste mich, seine Lippen waren weich und sanft zu meinen. "Du machst das so gut, Hannah", murmelte er, während seine Hand über meine Haut strich. "Aber wir sind noch nicht fertig."

Er nahm eine Reihe von Nippelklemmen in die Hand und zeigte sie mir, bevor er sie an meinen ohnehin schon empfindlichen Brustwarzen anbrachte. Ich schrie auf, der Schmerz und das Vergnügen vermischten sich auf eine Art und Weise, die fast zu viel zu ertragen war.

Er begann mit ihnen zu spielen, zerrte an den Ketten und ließ mich vor Lust stöhnen. Er küsste mich wieder, seine Zunge erforschte meinen Mund, während er mich an den Rand eines weiteren Orgasmus brachte.

Als Mr. Smith von hinten in mich eindrang, schrie ich sowohl vor Schmerz als auch vor Vergnügen auf. Er griff nach den Ketten, die an meinen Brustwarzen befestigt waren, und zerrte grob an ihnen, während er in mich eindrang. "Du gehörst mir", knurrte er in mein Ohr, "meine dreckige kleine Schlampe".

Ich konnte nicht glauben, dass diese Worte aus seinem Mund kamen, aber ich genoss jedes einzelne Stück davon. Ich flehte ihn an, noch härter zu werden, mich an den Rand der Lust und des Schmerzes zu bringen. Er gab mir einen Klaps auf den Hintern und zog mich an den Haaren, seine Hände wanderten über meinen Körper, während er mich zu neuen Höhen der Ekstase brachte.

"Das gefällt dir, nicht wahr?", spottete er, "Du bist nichts weiter als eine dreckige kleine Hure."

Ich schrie als Antwort, meine Worte waren unverständlich, während er weiter in mich stieß. Ich spürte, wie ich dem Orgasmus immer näher kam, und ich wusste, dass er dieses Mal noch intensiver sein würde als zuvor.

"Bitte", flehte ich, "bitte hör nicht auf."

Und er hörte nicht auf. Er machte weiter, trieb mich höher und höher, bis ich es nicht mehr aushalten konnte. Ich schrie seinen Namen, als ich kam, und mein Körper zitterte vor Lust.

Ich lag keuchend und schwitzend auf dem Bett, während Mr. Smith über mir stand. Seine Augen waren dunkel vor Verlangen, und er grinste böse. "Du kannst mich nicht aufhalten, Hannah", sagte er mit tiefer und heiserer Stimme.

Ich nickte, unfähig, Worte zu bilden, als er hinter mir auf das Bett kroch. Ich spürte, wie sein harter Schwanz gegen meinen Rücken drückte, und ich stöhnte leise auf.

"Du bist so eine dreckige kleine Schlampe, Hannah", knurrte er in mein Ohr. "Gefällt es dir, so gefickt zu werden?"

Ich nickte, mein Körper zitterte vor Erwartung. Er stieß in mich hinein, sein Schwanz füllte mich vollständig aus, als er sich zu bewegen begann. Jeder Stoß war härter und tiefer als der letzte, und ich konnte nicht anders, als vor Lust zu schreien.

Er griff nach meinen Brüsten und drückte sie grob zusammen, während er in mich stieß. "Du gehörst mir, Hannah", spottete er, "ich kann dich benutzen, wie ich will."

Ich stöhnte als Antwort, mein Körper bebte vor Lust. Ich spürte, wie sich die vertraute Hitze in mir aufbaute, und ich wusste, dass ich kurz davor war zu kommen. Mr. Smith schien es auch zu spüren, denn er begann, sich noch schneller zu bewegen.

"Oh Gott, oh Gott", stöhnte ich, meine Worte waren kaum noch zu verstehen, als ich den Rand der Lust erreichte.

Er packte mich an den Haaren und zog mich zurück, zwang mich, meinen Rücken zu krümmen, während er in mich stieß. "Das ist es,

Hannah", sagte er mit tiefer, kehliger Stimme. "Komm für mich, du dreckige kleine Hure."

Und das tat ich. Ich schrie seinen Namen, als ich kam, und mein Körper bebte unter der Wucht des Stoßes. Er bewegte sich weiter in mir, trieb mich höher und höher, bis ich dachte, ich würde zerbrechen.

Schließlich zog er sich aus mir heraus, und ich brach auf dem Bett zusammen und schnappte nach Luft. Er stand über mir, sein Schwanz war immer noch hart und triefte vor Schweiß, während er mit einem zufriedenen Lächeln auf mich herabsah.

"Gutes Mädchen", sagte er mit tiefer und heiserer Stimme. "Das hast du sehr gut gemacht, aber ich bin noch nicht fertig mit dir.

Als Mr. Smith das vibrierende Spielzeug in mich einführte und es anschaltete, konnte ich nicht anders, als laut zu stöhnen. Das Gefühl war intensiv und überwältigend und ließ mich vor Lust zittern.

Aber Mr. Smith hörte damit nicht auf. Er schob mich zurück aufs Bett, kletterte auf mich und positionierte sich zwischen meinen Beinen. "Du bist so eine dreckige kleine Schlampe", knurrte er, seine Augen loderten vor Verlangen.

Ich wimmerte, unfähig zu sprechen, als er noch einmal in mich eindrang. Diesmal war er härter, seine Stöße waren fast brutal, als er in mich stieß. "Was würde mein Vater sagen, wenn er dich so sehen würde?", stichelte er, "Eine kleine Hure, die nicht genug bekommen kann."

Seine Worte jagten mir einen Schauer über den Rücken, und ich flehte ihn um mehr an. "Bitte," keuchte ich, "hör nicht auf."

Er hörte nicht auf. Er machte weiter, seine Hände wanderten über meinen Körper, während er weiter in mich stieß. Ich spürte, wie ich immer näher an den Rand des Abgrunds kam, wie sich die Lust in mir aufbaute, bis sie fast unerträglich wurde.

Und dann zog er sich zurück und ließ mich schmerzend und verzweifelt nach Erlösung lechzend zurück. Ich stöhnte frustriert auf, aber dann zog er sein Handy heraus und begann, mich aufzunehmen.

"Sieh dich an", sagte er, seine Stimme klang fast ehrfürchtig, als er sah, wie ich mich krümmte und stöhnte. "Du bist so schön, wenn du so bist."

Ich wurde rot, verlegen, aber auch erregt von seinen Worten. Ich flehte ihn an, mich noch einmal zu berühren, mich noch einmal an den Rand zu bringen. Er gehorchte, seine Hände fuhren über meinen Körper und brachten mich immer näher an den Orgasmus heran.

Aber dann hörte er wieder auf und ließ mich an der Kante hängen. Ich schrie frustriert auf, aber dann fing er wieder an, mich zu beschimpfen.

"Du bist nichts weiter als ein Spielzeug", spottete er, "eine kleine Schlampe, die gerne benutzt wird."

Ich stöhnte auf, mein Körper reagierte auf seine Worte, auch wenn mein Verstand sich dagegen auflehnte. Ich zitterte vor Vergnügen, meine Beine zitterten, als ich versuchte, mich vor dem Zusammenbruch zu bewahren.

"Sieh dich an", spottete er, seine Stimme war tief und rau. "Eine dreckige kleine Schlampe, die um mehr bettelt. Was würden deine Eltern sagen, wenn sie dich so sehen würden?"

Seine Worte trieben mich nur noch mehr an. Ich schrie vor Lust und mein Körper stemmte sich gegen die Fesseln. Die Vibrationen waren überwältigend, aber Mr. Smith hörte nicht auf. Er fuhr fort, mich zu necken und zu quälen, seine Finger zeichneten Muster auf meiner Haut nach, während er das Spielzeug anbehielt.

"Du gehörst mir, Hannah", knurrte er, sein Atem war heiß an meinem Ohr. "Und ich werde dich kommen lassen, bis du es nicht mehr aushältst."

Ich schrie als Antwort, meine Worte waren unverständlich, als die Lust in mir immer stärker wurde. Ich stand kurz vor dem Orgasmus, mein Körper spannte sich vor Verlangen an. Mr. Smiths Worte trieben mich nur noch mehr an, und ich schrie auf, als ich kam und mein Körper sich vor Lust zuckte.

Aber er war noch nicht fertig mit mir. Er drehte das Spielzeug weiter auf und schickte eine Welle nach der anderen durch meinen Körper. Ich schrie und stöhnte und konnte mich nicht beherrschen, als er weiter mit mir spielte.

"Bitte, Mr. Smith", flehte ich, meine Stimme heiser vor Lust. "Bitte hören Sie auf."

Aber er tat es nicht. Stattdessen holte er sein Handy heraus und begann, mich zu filmen. Ich konnte das Klicken der Kamera hören, als er jeden Moment meiner Lust festhielt. Das machte mich nur noch mehr an, und ich schrie daraufhin.

"Das gefällt dir, nicht wahr?", stichelte er, seine Stimme war voller schmutziger Versprechen. "Es gefällt dir, mein kleines Spielzeug zu sein, nicht wahr?"

Ich schrie und stöhnte, unfähig, Worte zu bilden, als die Lust mich überkam. Mr. Smith quälte mich weiter, seine Worte und Taten trieben mich höher und höher, bis ich das Gefühl hatte, zu explodieren. Das vibrierende Spielzeug war immer noch in mir, pulsierte an meiner empfindlichsten Stelle, und ich hatte das Gefühl, am Rande des Wahnsinns zu stehen.

"Bitte, bitte, ich halte es nicht mehr aus", flehte ich, während mein Körper vor Lust und Schmerz zitterte. Aber Mr. Smith hörte nicht auf, er ließ das Spielzeug eingeschaltet und trieb mich immer weiter an.

"Du liebst es, nicht wahr?", stichelte er, "Du liebst es, mein kleines Spielzeug zu sein, meine kleine Schlampe."

Ich konnte es nicht leugnen, auch wenn ich wusste, dass ich es sollte. Das Vergnügen war zu intensiv, zu überwältigend, und ich wollte mehr davon, auch wenn mein Verstand gegen seine Worte rebellierte.

Er lehnte sich dicht an mich heran, seine Lippen berührten mein Ohr, während er mir schmutzige Dinge zuflüsterte. Er bat mich, ihn anzuflehen, aufzuhören, und das tat ich auch, aber gleichzeitig wollte ich nicht, dass er aufhörte.

"Ich werde dich so hart kommen lassen", knurrte er, seine Stimme rau vor Verlangen. "Du wirst meinen Namen schreien und um mehr betteln."

Ich hatte das Gefühl, die Kontrolle zu verlieren, als würde ich gleich in tausend Stücke zerspringen. Die Lust war zu groß, und die

Beleidigungen und schmutzigen Worte machten sie nur noch intensiver.

Und dann, endlich, spürte ich, wie ich den Gipfel der Lust erreichte. Ich schrie seinen Namen, mein Körper zitterte und krampfte, als der Orgasmus mich durchfuhr. Die Lust war fast nicht mehr zu ertragen, und ich fühlte mich wie auf einer Wolke schwebend.

Mr. Smith schaltete das Spielzeug ab und zog es aus mir heraus, aber das Vergnügen hörte nicht auf. Er küsste mich tief, seine Zunge erforschte meinen Mund, während er mich weiterhin mit seinem Handy aufnahm.

Ich fühlte eine Mischung aus Scham und Erregung, weil ich wusste, dass er sich das Video später ansehen würde, aber gleichzeitig konnte ich mich nicht davon abhalten, es zu genießen.

"Du bist so eine dreckige kleine Schlampe", sagte er mit tiefer und heiserer Stimme. "Ich sollte dich verkaufen und etwas Geld verdienen".

Ich wusste, dass ich beleidigt sein sollte, aber stattdessen wollte ich mehr von seinen Beleidigungen und seinem Dirty Talk.

Er nahm mich weiter auf und zwang mich, schmutzige Dinge in die Kamera zu sagen, und ich fand immer mehr Gefallen daran. Ich schrie und brüllte und bettelte um mehr, auch wenn ich wusste, dass ich benutzt wurde.

Als Mr. Smith das Spielzeug abnahm und wieder in mich eindrang, stöhnte ich vor Vergnügen. Er war unerbittlich und stieß mich immer weiter, bis ich das Gefühl hatte, zu explodieren. Sein Dirty Talk und seine Beleidigungen machten es nur noch besser, und ich genoss es immer mehr.

Als er schließlich in mir kam, band er mich los und flüsterte mir weiterhin schmutzige Worte ins Ohr. Ich konnte nicht glauben, was ich gerade getan hatte, aber ich konnte auch nicht leugnen, dass ich es genossen hatte.

"Gutes Mädchen", sagte er mit tiefer, heiserer Stimme. "Das hast du sehr gut gemacht. Aber denk dran, du gehörst jetzt mir."

Ich nickte, schämte mich und war gleichzeitig erregt. Dann bat er mich, sein Sperma nicht abzuwischen, damit alle sehen konnten, was für eine schmutzige kleine Schlampe ich war. Sein Sperma tropfte auf meine Beine.

Ich stimmte zu und fühlte einen seltsamen Kitzel bei dem Gedanken, mit seiner Wichse bedeckt nach Hause zu gehen.

Als es vorbei war, fuhr mich Mr. Smiths Fahrer zurück nach Hause, und ich fühlte mich sowohl peinlich berührt als auch erregt. Ich konnte nicht glauben, was gerade passiert war, aber ich konnte auch nicht leugnen, dass ein Teil von mir mehr wollte.

Als ich die Spuren meiner Begegnung abduschte, musste ich an Mr. Smith denken und daran, wie er mich benutzt hatte. Ich ekelte mich vor mir selbst, konnte aber auch nicht leugnen, dass ein Teil von mir diese Erfahrung genossen hatte.

Als ich am nächsten Morgen aufwachte, war ich verwirrt und zwiegespalten. Ich konnte nicht glauben, was mit Mr. Smith passiert war, und doch konnte ein Teil von mir nicht leugnen, dass ich es genossen hatte. Ich duschte die Spuren meiner Begegnung ab und versuchte, die Scham und die Schuldgefühle, die wie eine zweite Haut an mir klebten, abzuwaschen.

Während ich mich für den Tag anzog, wanderten meine Gedanken immer wieder zu Mr. Smith und dem, was er mit mir gemacht hatte. Ich fragte mich, ob es ihm genauso viel Spaß gemacht hatte wie mir, oder ob er mich nur zu seinem eigenen Vergnügen benutzt hatte. Ich wurde das Gefühl nicht los, dass ich für ihn nicht mehr als ein Spielzeug gewesen war, ein Mittel, mit dem er sich einen runterholen konnte, ohne an mein eigenes Vergnügen oder mein Wohlbefinden zu denken.

Ich versuchte, diese Gedanken zu verdrängen, als ich die Treppe hinunterging, um mit meinem Vater zu frühstücken. Zu meiner Überraschung war er in viel besserer Stimmung als sonst. "Gute Nachrichten, Hannah", sagte er lächelnd. "Mr. Smith hat es sich anders überlegt, mich zu feuern. Er sagt, ich hätte in letzter Zeit gute Arbeit geleistet."

Ich konnte es nicht fassen. Nach dem, was zwischen mir und Mr. Smith passiert war, hatte ich das Schlimmste erwartet. Aber da war mein Vater, immer noch angestellt und scheinbar ohne Wissen über die Ereignisse der letzten Nacht.

"Übrigens, vielen Dank für deine Hilfe", sagte mein Vater und schenkte mir eine Tasse Kaffee ein. "Ich weiß nicht, was du zu ihm gesagt hast, aber es muss wohl gewirkt haben."

Ich versuchte, zu lächeln und es abzutun, aber innerlich plagten mich Schuldgefühle. Hatte mein Vater wirklich keine Ahnung, was zwischen mir und Mr. Smith vorgefallen war? Oder wollte er es einfach ignorieren?

Ich beschloss, dass es das Beste war, alles vorerst für mich zu behalten. Ich konnte den Gedanken nicht ertragen, dass mein Vater herausfinden würde, was passiert war, oder noch schlimmer, Mr. Smith damit konfrontieren würde.

NACHWORT

Über die Geschichte

Ich habe meine Inspiration aus realen Ereignissen und meiner Fantasie. Ich werde nicht sagen, ob es Fiktion oder real ist... Aber glaube mir, Dinge passieren.

Besonderen Dank an E.A, Lilith, Agares, L.R, und meine anderen Freunde.

Kontakt für Anfragen, Aufträge oder einfach nur zum Plaudern: dionysospublish@gmail.com

ÜBER DEN AUTOR

Ich bin Sofia Hoffman, eine junge Autorin, die sich mit den Bereichen Erotik, Romantik und BDSM leidenschaftlich auseinandersetzt. Mit einem warmen und sanften Ton erschaffe ich Geschichten, die in die Tiefen menschlicher Sehnsüchte eintauchen und die Leser dazu einladen, ihre Sinnlichkeit zu erkunden und ihre Fantasie zu entfachen.

www.ingramcontent.com/pod-product-compliance
Lightning Source LLC
Chambersburg PA
CBHW062246290526
45794CB00006B/2422